Evelyne Maaß & Karsten Ritschl

Phantasiereisen praktisch anwenden

Phantasie als Quelle der Inspiration

Ausführliche Informationen zu den weiteren Büchern der beiden Autoren sowie zu jedem unserer lieferbaren und geplanten Bücher finden Sie im Internet unter www.junfermann.de – mit ausführlichem Infotainment-Angebot zum JUNFERMANN-Programm ... mit Newsletter und Original-Seiten-Blick ...

Besuchen Sie auch unsere e-Publishing-Plattform www.active-books.de – mittlerweile über 300 Titel im Angebot, mit zahlreichen kostenlosen e-Books zum Kennenlernen dieser innovativen Publikationsmöglichkeit.

Übrigens: Unsere e-Books können Sie leicht auf Ihre Festplatte herunterladen!

Eine Auswahl von e-Books bei www.active-books.de

Schmidt-Tanger, Martina: „Glaube versetzt Berge“ (kostenlos)
Lenk, Wolfgang: „Heilungsstrategien des Jesus von Nazareth aus NLP-Sicht“ (kostenlos)
Rückerl, Thomas: „Trainieren Sie Ihre Sinnliche Intelligenz“ (kostenlos)
Birkenbihl, Vera F.: „Was Sie über Metaphern und Stories wissen sollten“ (kostenlos)
Viehweger, Tina: „Was Frauen stark macht!“ (kostenlos)
Spieß, Susanne: „SEASONING – Eine ungewöhnliche Reise durch die Jahreszeiten“ (€ 8,00)
Grochowiak, Klaus: „Vom Glück und anderen Sorgen“ (€ 6,50)
Bellamy, Ursula & Schmitz, Monika & Lorenz, Anette: „Traumspiele“ (€ 5,50)
Weiß, Monika: „Fantasiereisen“ (€ 4,50)
Dodson, Frederick E.: „5 praktische Meditationen für den Alltag“ (€ 3,00)
Birkenbihl, Vera F.: „Neulich sagte Gott zu mir...“ (€ 2,00)

Evelyne Maaß & Karsten Ritschl

Phantasiereisen praktisch anwenden

Phantasie als Quelle der Inspiration

Junfermann Verlag · Paderborn
2006

2. Auflage 2006
Text-Illustrationen: Simone Felgentreu
Das Symbol auf dem Frontcover ist ein eingetragenes Warenzeichen von Spectrum KommunikationsTraining.

Satz: JUNFERMANN Druck & Service, Paderborn

Bibliografische Information der Deutschen Bibliothek
Die Deutsche Bibliothek verzeichnet diese Publikation in der Deutschen Nationalbibliografie; detaillierte bibliografische Daten sind im Internet über http://dnb.ddb.de abrufbar.

ISBN-10: 3-87387-584-5
ISBN-13: 978-3-87387-584-5

Inhalt

Dankeschön

Wir danken allen Menschen, die uns Anregungen und Ideen geschenkt haben – im Alltag, in unseren Seminaren – oder die uns geschrieben haben als Reaktion auf unser erstes Phantasiereisen-Buch „Phantasiereisen leicht gemacht“.

Wir danken unseren Familien und unseren Freunden, daß sie uns so liebevoll unterstützt haben, und unseren beiden Psychologie-Praktikanten Nina Hörr und Lutz Vöhringer für die kompetente und schnelle Umsetzung unserer Ideen vom Hören zum Sehen. Ohne sie wäre dieses Buch nicht so schnell entstanden.

Unserer Zeichnerin Simone gebührt ein großes Dankeschön, weil sie unsere Ideen auf eine kreative und kunstvolle Art zeichnerisch umgesetzt hat.

Wir danken den Mitarbeitern vom Junfermann-Verlag, weil sie dem Buch die entsprechende Form und den passenden Rahmen gegeben haben.

Die praktische Erfahrung und die Inspiration, die hinter diesen Phantasiereisen stehen, sind während der Lehrzeit bei all unseren Lehrerinnen und Lehrern gewachsen. Wir danken allen Gruppenteilnehmerinnen und Gruppenteilnehmern, weil sie uns als Reisende wertvolle Hinweise und Verbesserungsvorschläge gegeben haben und sich damit unser Potential erweitern konnte.

1. Einladung

Liebe Leserin und lieber Leser,
die positiven Reaktionen auf unser erstes Buch zu diesem Thema „Phantasiereisen leicht gemacht“ haben uns ermuntert, dieses zweite Buch zu schreiben. Und wieder soll es eine Reise anregen in sehr persönliche Regionen des eigenen Seins. In diesem Buch geht es darum, mit Sprache zu zaubern, Menschen zu berühren, in ihre Tiefen zu führen und sie erfrischt wieder auftauchen zu lassen, Menschen bei wichtigen Entscheidungen zu unterstützen und in die Verbundenheit mit dem Universum zu begleiten.

Hierbei wird hoffentlich auch wieder eine sehr intime Verbindung zwischen Ihnen als Leserin und Leser und uns als Autorin und Autor entstehen. Um dieser vertrauten Atmosphäre schon im voraus eine Möglichkeit der Entfaltung zu geben, bieten wir Ihnen hier das „Du“ an.

Obwohl es das Lesen nicht einfacher macht, haben wir uns für die etwas kompliziertere Form von Leser und Leserinnen, Reisender und Reisende entschieden. Wir wissen um die Macht der Sprache und daß Sprache Wirklichkeit erschafft, deshalb haben wir diesmal die Ansprache an alle Menschen gewählt, weiblich und männlich, um einen kleinen Beitrag zu gelebter Gleichberechtigung zu leisten.

Wir möchten Dich einladen, dieses Buch als eine Anregung zu nutzen und die Texte als Orientierung und Sicherheit gebenden roten Faden mit in Deine Phantasiereisen einzubauen. Wir möchten Dich anregen, Dein kreatives Potential und Deine persönlichen Spielarten weiterzuentwickeln, und Dich zu einem eigenen Stil inspirieren.

Unser Anliegen ist es, mit diesem Buch zu Lebenslust und Lebensqualität beizutragen, zu gelebter Lebendigkeit und zum Ausprobieren seiner Selbst in einer geschützten Atmosphäre. Wir möchten Menschen dabei begleiten, den eigenen Weg zu finden, den eigenen Sinn zu entdecken und mehr darauf zu hören, was ihre Seele sagt.

Phantasie – den kreativen Raum öffnen

In der Phantasie haben wir den schöpferischen Freiraum, alles zu denken. Hier haben wir Raum zu experimentieren und in Gedanken durchzuspielen, was wir verwirklichen wollen. Wenn wir so tun als ob, können wir einschränkende Grenzen aufheben oder für den Moment erweitern und entdecken, wie das Gewünschte gelebt werden kann.

Die Phantasie ist ein großes Geschenk an die Menschheit. Wir können Ziele entwickeln, Visionen entwerfen, viele Perspektiven einnehmen, Unvereinbares zusammenfügen, fördernde und stärkende Ideen durchspielen, wünschenswerte Verhaltensweisen entstehen lassen, Werte und Überzeugungen stärken und mit Sinn füllen. Die Kraft der Phantasie kann uns darin unterstützen, eine Identität zu entwerfen und zu leben, die unseren höchsten Werten entspricht. Sie eröffnet uns Potentiale, die in uns schlummern, und innere Räume für die Neugestaltung unserer unterschiedlichen Facetten.

Phantasie ist der Schlüssel für die Lösung von Problemen und macht den Blick frei für einen erweiterten Horizont. Der schöpferische Akt kann die innere und damit auch die äußere Realität beeinflussen. Indem wir unsere Zustände selbstbestimmt verändern, bestimmen wir unsere Wahrnehmung und erweitern unser Potential, in der Welt zu handeln. Mit Phantasie können wir intensiv die Potentiale und Kräfte aktivieren, die unsere inneren Muster verändern können.

Die Phantasie eröffnet uns Zugang zu den spirituellen Bewußtseinsbereichen – jenseits der Worte. Hier erfahren wir den Kontakt zum Feld der Möglichkeiten, spüren Verbindung mit dem Absoluten und wie es ist, Teil eines größeren Ganzen zu sein. – Kontakt zu Gott, das Göttliche, Quelle, Einssein, Schöpfung, vollständige Realität, Urgrund, So-Sein, Licht des Seins, Voraussetzung aller Dinge und Geschehnisse, das Absolute, die Natur aller Naturen, Vorbedingung aller Vorbedingungen, der Fluß des Seins, das Gewebe von allem, was ist, Teil des Ganzen sein, allumfassende Liebe, Transzendenz, Erleuchtung, Befreiung, Wu, Satori, Essenz, ... dies alles können Worte sein, die jeder einzelne mit Leben füllen kann. Es geht um die Freiheit, sein Erleben auf seine einzigartige, ganz eigene Weise zu benennen und zu beschreiben.

Phantasiereise: Was ist das?

Phantasiereisen sind Einladungen an das Unbewußte, das eigene Potential zu entfalten und den enormen Ideenreichtum zu aktivieren, um den Geist von seinen Fesseln zu befreien und neue und hilfreiche innere Realitäten zu entwerfen. Sie sind keine Flucht in Phantasiewelten, sondern sie sind Ausflüge, bei denen man Kräfte entwickeln und Erfahrungen machen kann, die die eigene Person im Alltag stärken werden. Sie sind Quelle der Kreativität und ein ganz persönlicher innerer Lernprozeß. – Phantasiereisen sind ein Mittel zur Selbstentfaltung, zum Ausloten der eigenen Tiefen, der Vielfältigkeit und des Reichtums in uns.

Es geht hier nicht darum, in eine Phantasiewelt abzutauchen und die Verantwortung für Dein Leben jemand anderem oder dem Universum zu übergeben. Die Verantwortung kann jeder nur für sich selbst übernehmen, und dies bedeutet auch, sich der Macht im eigenen Leben bewußt zu werden, sich bewußt zu werden, daß Du Dein Leben in Deiner Hand hast, daß nur Du etwas verändern kannst. Das heißt, nicht den Blick abzuwenden von dem, was um Dich herum passiert, sondern genau wahrnehmen, was da ist. Und Dich ganz bewußt entscheiden, auf was Du fokussierst, auf was Du schaust. Es gibt in jeder Umwelt und in jedem Leben hinderliche Impulse, Blockaden und negative Einflüsse. Aber es gibt auch wachstumsfördernde, unterstützende lebensbejahende Einflüsse. Und Du kannst wählen, auf was Du schaust, wählen, was Du nutzen möchtest, wählen, was Du mehr werden läßt in Deinem Leben. Die Verantwortung für Dich selbst zu übernehmen heißt, auch ungeliebte Anteile zu akzeptieren und die Gegensätze in Dir anzunehmen – Deine Einzigartigkeit und Deine Vielfalt mit all Deinen Schwächen und Stärken schätzen.

Phantasiereisen: Warum?

In unserer Kultur legen wir einen großen Schwerpunkt auf unsere rationale Seite. Wir haben unseren Intellekt stark gefördert, und der Verstand gilt immer noch mehr als das Gefühl. Menschliche Entwicklung setzt auf Integration der Vielfalt – nicht Gefühl oder Verstand, sondern gelebte Lebenslust mit Kopf, Herz und Bauch. Aus der eigenen ursprünglichen Erfahrung heraus sich selbst und das Leben akzeptieren.

Schon der bekannte humanistische Psychologe Abraham Maslow hat gesagt, daß die innerste und unverfälschlichste Natürlichkeit eines Individuums für ihn selbst und für die Gesellschaft immer am positivsten ist. Die innerste Natur des Menschen ist nicht gefährlich, wild und böse und muß nicht in Schach gehalten und gezähmt werden. Maslow hält dieses Grundmißtrauen der menschlichen Natur gegenüber, das aus vielen Religionen, Philosophien und Psychotherapien bekannt ist, für ein Mißverständnis: „Bei dem Prozeß der Selbstentfaltung wächst in jedem von uns das Vertrauen in die eigene innerste Natur und in die menschliche Natur überhaupt. Gefühle und Bedürfnisse werden nicht mehr als lästig unterdrückt, sondern freudig angenommen. Wenn der Mensch nach innen schaut, findet er lebensförderliche Strebungen und seine innersten Werte."

Im Alltag sind wir meist so mit dem Jonglieren der alltagsrelevanten Aufgaben und Themen beschäftigt, daß uns der Blick nach innen leicht verlorengeht. In einer Kultur, die Muße nicht mehr wirklich wertschätzt, bleiben oft die leiseren inneren Töne und Stimmen auf der Strecke. Mit diesen Ausflügen in unsere Innenwelten schenken wir dieser innersten Natur und den inneren Schätzen wieder die Aufmerksamkeit, die es braucht, um in Balance zu kommen.

Phantasiereisen: Wie funktionieren sie?

In der Phantasiereise ändert sich die Richtung der Aufmerksamkeit. Es tritt ein veränderter Bewußtseinszustand ein, der sich vom Tagesbewußtsein unterscheidet. Man löst sich vom Wachbewußtsein und vom Tagesgeschehen durch das Wenden der Sinne von Außen nach Innen. Die Achtsamkeit wird mehr und mehr nach innen gerichtet, und Körper und Geist können sich entspannen.

Der Atem vertieft sich, und man kann sich mehr und mehr von seinen Gedanken lösen. In einem entspannten Körper fällt es leicht, loszulassen, und dieses Loslassen bewirkt, daß Neues entsteht, begrüßt und angenommen werden kann. Gedanken können kommen und wieder gehen. Es entsteht ein Fluß an Kreativität und Raum für neues Erleben.

Eine entscheidende Qualität in diesen Welten ist das Erleben der inneren Zeit. In Phantasiereisen verändert sich unser Zeiterleben – die Zeit kann wie im Fluge vergehen oder sich köstlich in die Länge ziehen. Zeiterleben ist ein inneres Phänomen, daß für den Alltag Schätze bereithält, die wir in der Phantasiereise entdecken und erobern können.

In einer Phantasiereise werden bewußte und vor allem unbewußte Persönlichkeitsstrukturen aktiviert. Auf unser Bewußtsein verlassen wir uns täglich, und es ist uns vertraut. Das Unbewußte ist das Unbekannte und Mysteriöse; und daher oft als unlogisch, unvernünftig und irrational verschrien. Dabei ist das Unbewußte die Quelle aller unserer Emotionen – es ist für unser Gedächtnis und unsere Bewegungsabläufe zuständig, regelt mit großer Zuverlässigkeit unsere vegetativen Funktionen und steuert unser Verhalten. Es hat eine eigene innere Logik, und es spricht zu uns durch Tagträume, Gefühle, freudsche Versprecher, Intuition und plötzliche Eingebung. Jeder von uns hat bereits von dem Kontakt zu diesem Wissen profitiert. Jeder Geistesblitz und jede Inspiration wird durch das Unbewußte genährt und gespeist. Es gibt uns ständig Signale und steht in Kommunikation mit dem Bewußten. Die Regeln des Unbewußten sind im Laufe unseres Lebens entstanden, meist in der frühen Kindheit. Durch das Übernehmen von Lebensbewältigungsstrategien wichtiger Personen in unserem Leben entstehen innere Programme. In Prägesituationen oder durch ständig wiederkehrende Wiederholung werden diese Programme vertieft. Später regeln diese Programme unsere Reaktionen auf die Welt ohne Zutun unseres Bewußtseins – automatisch.

Wir können dem Unbewußten Impulse geben, und wenn sie verinnerlicht werden, dann sind diese Impulse handlungsleitend. Wenn solche Anregungen ausbleiben, handelt das Unbewußte nach dem alten Muster. Phantasiereisen können diesen Kontakt zwischen Bewußtem und Unbewußtem stärken und intensive Impulse als Handlungsanleitungen an das Unbewußte entstehen lassen.

Direkte und indirekte Tranceinduktionen

Es gibt Phantasiereisen, die sehr direkt geführt werden und die dem Zuhörer wenig Freiheit für eigene Kreativität und innere Ausgestaltung lassen. Diese Form der Phantasiereise nimmt den Zuhörer fest an die Hand und führt ihn direkt angeleitet durch ein eng vorgegebenes Erleben. Ein Beispiel hierfür finden Sie in unserem Kapitel „Spezielle Phantasiereisen“.

Unsere Art, Phantasiereisen zu gestalten lehnt sich an die Tradition der Hypnotherapie nach Milton Erickson. In dieser Tradition wird dem Zuhörer durch die Gewichtung auf mehr indirekte Induktionen größtmögliche Freiheit gegeben, sein Erleben selbst zu bestimmen und die Gestaltungsräume selbst zu füllen. Durch indirekte Suggestionen wird ein Angebot gemacht – eine Einladung ausgesprochen – und man kann wählen, was man von diesem Angebot annehmen möchte. Die Bedeutung der Worte findet jeder Mensch für sich selbst. Dies ermöglicht, die ganze Palette und Vielfalt selbst zu gestalten und sein Erleben schöpferisch selbst zu bestimmen. Diese Art der Phantasiereisen ist stark ressourcenorientiert, aktiviert das innere Lösungs-Potential und setzt Selbstheilungskräfte in Gang.

Phantasiereisen: Wozu kann man sie nutzen?

Ein Quantensprung in der menschlichen Entwicklung des Bewußtseins ist das Bewerten und Erinnern der Vergangenheit und das Entwerfen von Plänen und Vorstellungen für die Zukunft. Nicht immer nutzen wir diese Fähigkeit zu unserem Wohl. Manchmal besetzen wir Vergangenes mit Schuld und Scham und projizieren in Zukünftiges Angst und Sorgen. – Vergangenheit, Gegenwart und Zukunft können positiv verändert werden. Das Spiel mit der Zeit kann die Zeit aufheben.

Die Vergangenheit können wir beeinflussen, indem wir neue Bilder entstehen lassen von den Erinnerungen, indem wir die Möglichkeit nutzen, uns von dieser Information ein Stück zurückzuziehen, sie von außen zu betrachten, loszulassen, zu verändern und dem jüngeren Selbst in uns heute die Liebe, Zuwendung, Sorgfalt und Aufmerksamkeit zu geben, die es damals gebraucht hat. Auf diese Art können wir die persönliche Bewertung vergangener Erlebnisse unterstützend ändern.

In der Gegenwart wird die Lebensqualität intensiver durch gelebte Balance von Innen und Außen. Achtsamkeit für das Hier und Jetzt läßt Momente von Nähe und Lebendigkeit entstehen, die uns das ganze Spectrum des Lebens lustvoll erfahren lassen. Durch die Öffnung für das eigene Potential kann sich auch der Alltag vielfältiger und farbiger gestalten.

Der Volksmund sagt: „Das fällt mir nicht im Traume ein“ und gibt damit einen wichtigen Hinweis, wie notwendig Vorstellungen und Träume für die Realisierung unserer Wünsche sind. – Zukünftige Situationen können wir verändern, indem wir positive fördernde, unterstützende Bilder und Filme entstehen lassen, die ein lebenswertes Leben möglich machen. In Kommunikation mit der unerschöpflichen Quelle der Vorstellungskraft sind Ziele und Visionen möglich, um unerwartete Lösungen und eine Fülle neuer Ideen zu kreieren.

Phantasiereisen: Vorbereitung und Stärkung für den Alltag

Fast jede Kultur hat außergewöhnliche Bewußtseinzustände gekannt und Wege entworfen, um diese Zustände gezielt herbeizuführen. Ziel solcher Praktiken war es in der Regel, Körper und Geist zu entspannen, die Verbindung mit dem Universum zu erleben, Selbstentfaltung und Heilung zu ermöglichen. Oftmals ging es darum, schwierige Lebenssituationen zu meistern und persönliches Wachstum und Persönlichkeitsentfaltung zu fördern.

Es ist unser Geburtsrecht, den eigenen Sinn im Leben zu verwirklichen, sich selbst zu lieben, zu entfalten und eine Identität zu entwickeln, die frei und glücklich ist. An sich selbst Freude haben und das Leben genießen in tiefem Kontakt und Verbundenheit mit der Welt sein, mit anderen Menschen zusammen zu sein, einen tiefen Anteil nehmen am Glück anderer, mit Freude sich entwickeln, indem man seine eigenen Bedürfnisse und Wünsche wahrnehmen und annehmen kann und sich für das einsetzen, was man für wichtig hält – das ist unser Privileg als Mensch.

Ein sinnhaftes Leben ist nicht nur eine Frage der Philosophie und des Kopfes, sondern ein sinnliches Erleben mit Kopf, Bauch und Herz. Ein solches Erleben führt nicht nur dazu, sich selber in Balance zu fühlen, auch andere Menschen erleben uns als echt und authentisch.

Roter Faden durch das Buch

Im 2. Kapitel werden wir das „Handwerkszeug" vorstellen für die Vorbereitung, Durchführung und Nachbereitung von Phantasiereisen.

Hier wirst Du Anregungen finden, wie Du für Menschen einen angenehmen Rahmen setzen kannst, der es ihnen ermöglicht, sich tief auf ihr inneres Erleben einzulassen. Wir werden einige Entspannungspositionen vorstellen und günstige äußere und innere Voraussetzungen für gelungene Phantasiereisen ansprechen.

Für die Durchführung bieten wir Hinweise für den Einsatz Deiner Stimme und das Herstellen und Aufrechterhalten eines förderlichen inneren Zustandes. Hier findest Du Vorschläge, wie Du Deine Wahrnehmung schärfen und schwierige Situationen meistern kannst.

Damit sich alle Beteiligten wohlfühlen und größtmöglichen Nutzen auch in den Alltag mitnehmen können, regen wir unter „Nachbereitung" an, sicherzustellen, daß Du alle Menschen „zurückgeholt" hast und die Phantasiereise abgeschlossen ist. Ein Umgang mit heftigen Gefühlen und klassische Nachbesprechungen findest Du hier.

Eine Sammlung von 14 Phantasiereisen findest Du im 3. Kapitel. Sie sind aus der Praxis und für die Praxis und sollen als Beispiele und als Inspiration dienen. Nimm Dir die Freiheit, Phantasiereisen so zusammenzustellen, wie es für Dich und Deine Teilnehmer und Teilnehmerinnen stimmt.

Um Dir den Umgang mit den Phantasiereisen zu erleichtern, findest Du unter der **Überschrift** manchmal eine **Zeichnung**, die einen wesentlichen Aspekt der Phantasiereise verdeutlicht oder eine Assoziation dazu herstellt.

Ziel: Hier findest Du eine kurze Anregung, was das Ziel dieser Reise sein kann.

Dauer: Die angegebene Zeit ist ein Erfahrungswert und nach Tempo und Temperament der Reisenden variierbar.

Musik: Hier haben wir Vorschläge gemacht, die sich in unseren Phantasiereisen bewährt haben. Musik ist natürlich eine Geschmackssache, und Du kannst sie nach Deinen eigenen Vorlieben und Deiner Zielgruppe auswählen. Wenn Du Musik mit Texten wählst, ist darauf zu achten, daß sie Deine Ziele unterstützen.

Anmerkungen: Wenn es noch wichtige Hinweise zum Inhalt, Ziel oder der Durchführung gibt, dann kannst Du sie hier finden, und wenn Du magst, auch Deinen Reisenden mitteilen.

Anleitung: Hier findest Du die wortwörtliche Aufzeichnung einer Phantasiereise, wie wir sie durchführen. Dein eigenes Tempo und Deine Pausen, Schwerpunkte und Betonung kannst Du jeweils an Deine Gruppe angleichen. Viel Spaß beim Reisen!

Notizen: Wir möchten Dich anregen, aus Deinen eigenen Erfahrungen zu lernen. Deshalb gibt es nach jeder Phantasiereise Raum für persönliche Aufzeichnung. Dies kann dazu führen, seine eigenen Lernschleifen zu optimieren und persönliche Weisheit zu entwickeln.

Im 4. Kapitel findest Du „Spezielle Phantasiereisen“. Hier haben wir Phantasiereisen im Stehen und im Sitzen, Phantasiereisen in „Sie“-Form und mit direkten Suggestionen, für Schwangerschaft, Prüfung und zur Integration und eine ganz konkret angeleitete Reise zusammengestellt.

Wenn Du die Phantasiereisen in diesem Buch gelesen und angewendet hast und Dein Unbewußtes schon längst weiß, wie das Prinzip funktioniert, kannst Du in Kapitel 5 ganz bewußt die Struktur einer Phantasiereise nachvollziehen und Deine eigene Phantasiereise entwerfen.

Im 6. Kapitel stellen wir Übungen für das Erlernen des Milton-Modells vor. Hier kannst Du die Sprachmuster üben, die für die Phantasiereisen nützlich und hilfreich sind.

Wir wünschen Dir viel Erfolg beim kreativem Anwenden und viel Freude bei der Entdeckungsreise durch dieses Buch.

Evelyne Maaß
Karsten Ritschl
Berlin 2004

2. Das Handwerkszeug

Um Phantasiereisen professionell durchzuführen, ist es gut, einige wichtige Fähigkeiten zu haben. – Es gibt wichtige methodische Voraussetzungen, die man üben kann, und mindestens genauso wichtig ist die Einstellung und die Wertschätzung gegenüber den Menschen. Hier geht es um wichtige Qualitäten, die immer durch die Arbeit hindurchschimmern und fühlbar und erlebbar den Einsatz der Werkzeuge mitbestimmen. Es geht also *nicht nur* darum, methodisch sicher zu sein, sondern auch in seiner Haltung klar. Was bewegt Dich, mit Menschen zu arbeiten? Was willst Du für die Menschen sein? Was trägt Dich? Was bedeutet für Dich respektvoll, achtsam und liebevoll zu begleiten?

Die Art, wie man Werkzeuge benutzt und wofür man sie einsetzt, wird elementar dadurch bestimmt, in welcher geistigen Haltung sie angewandt werden. Liebe, Wertschätzung und Achtsamkeit kann man in der Nuance der Stimme, in jeder Geste, in jedem Blick bemerken. Diese Qualitäten leuchten von innen heraus, durch jedes Tun hindurch.

Die Vorbereitung – Vorfreude auf die Reise

Wenn Du vorhast, eine Phantasiereise anzuleiten, hat es sich bewährt, diese sorgfältig vorzubereiten. Dies umfaßt die gesamte Phase der inhaltlichen, emotionalen und strukturellen Vorbereitung, bis die Reise für Deine Teilnehmerinnen und Teilnehmer beginnt.

Der Inhalt

Was ist das Thema? Was ist Dein Ziel? Was möchten die Reisenden erreichen? Welche inneren Zustände sollen durchlebt werden? Welche Gefühle sollen erfahren werden? – Entwirf eine Reise passgenau für Deine Vorhaben oder wähle eine Reise aus dem Pool der vorhandenen Phantasiereisen aus. – Schreibe Dir die Inhalte auf Moderationskarten in einer Schriftgröße, die Du leicht und klar lesen kannst.

Der Raum

Die Reise findet in einem geschützten Raum statt. Dafür ist es gut, wenn der Raum gelüftet und warm ist und sichergestellt ist, daß es eine ungestörte Atmosphäre gibt – Telefon und Klingel abgestellt sind. In angemieteten Tagungsräumen und Hotels hat es sich bewährt, mit einem kleinen Türschild mit der Bitte um „Ruhe" für Ungestörtheit zu sorgen.

Um die Entspannung so leicht wie möglich zu machen, ist es hilfreich, für eine bequeme Position entsprechende Hilfsmittel zur Verfügung zu stellen: Wenn die Phantasiereise im Liegen stattfinden soll, ist es gut, wenn ausreichend Decken und Kissen als Unterlage vorhanden sind. Findet die Phantasiereise im Sitzen statt, sollten die Stühle oder Sessel eine entspannte Haltung ermöglichen.

Um sicherzustellen, daß jeder gut hören kann, ist eine geeignete Position für Dich als Anleiterin oder Anleiter im Raum zu reservieren und deutlich kenntlich zu machen als Dein Platz.

Wenn Du mit Düften oder mit speziellem Licht (z.B. Kerzen) arbeiten möchtest, dann stelle die entsprechenden Düfte und Utensilien bereit. Für die Kerzen einen sicheren Platz wählen, Streichhölzer oder Feuerzeug bereitlegen und dafür sorgen, daß Du an Deinem Platz genügend Licht hast, um zwischendurch jederzeit einen Blick auf Deine Notizen werfen zu können.

Die Musik

Die passende Musik auswählen und bereitlegen. Die Anlage testen, sich mit der Technik vertraut machen, so z.B. mit dem Lautstärke-Regler, An-Aus-Schalter etc. Einen Sound-Check machen, um eine Ausgewogenheit von Stimme und Musik vorzubereiten.

Um zu vermeiden, daß bei fremden Anlagen die selbstgebrannten CD's nicht abgespielt werden können, empfiehlt es sich bei Fremdanlagen, die Originale mitzunehmen.

Das Material

Bereits in der Vorbereitung das Material für die Nachbereitung bereitlegen. Wenn Du z.B. nach der Phantasiereise malen oder schreiben möchtest, genügend Papier und Stifte vorbereiten. – Wie für jeden Vortrag üblich, hat es sich bewährt, ein Glas Wasser ohne Kohlensäure bereitzustellen.

Den Rahmen setzen

Um Deine Zielgruppe bestmöglich auf eine Phantasiereise einzustimmen, kannst Du einen Rahmen setzen, der einlädt und Lust macht, sich einzulassen.

Für verschiedene Zielgruppen kannst Du unterschiedliche Ankündigungen bereithalten, die die Erwartungen und Befürchtungen dieser Zielgruppe berücksichtigen. Einwände kannst Du vorab auf diese Art entkräften und die Teilnehmerinnen und Teilnehmer abholen und ihnen Sicherheit anbieten. Wenn wir Phantasiereisen mit Führungskräften im Businessbereich machen, dann nennen wir Phantasiereisen manchmal auch „Entspannungs-Übung", „Eine kurze Zwischenspeicherung von Gelerntem" oder „Eine Streßbewältigungs-Übung". Es bietet sich an, die Worte zu wählen, die diesen Menschen vertraut sind. Dies macht sie aufnahmebereiter für das, was Du vorhast. Wenn sie erst einmal in den Genuß Deiner Reisebegleitung gekommen sind, werden sie von ganz allein öfter einer solche Reise wünschen.

Für Menschen, die gerne einen wissenschaftlichen Hintergrund für etwas haben wollen, bieten wir Literatur-Hinweise an, wie z.B. „Der kleine Schlaf zwischendurch" und aus der Gehirn-Forschung „Das Universum in uns" usw.

Bevor das Unbewußte angesprochen wird, soll zuerst das Bewußtsein gewürdigt werden. Stell den Reisenden das Thema kurz vor, vielleicht mit einer kleinen Geschichte oder Metapher, und schaffe Transparenz in dem, was die Reisenden in Kürze erwarten wird. Wie lange wird die Phantasiereise dauern? Darf man sich bewegen? Soll man die Augen schließen? Was passiert, wenn jemand einschläft? Warum wird diese Phantasiereise gemacht? Was ist der Nutzen? Was wird der Gewinn für Deine Reisenden sein? All diese Fragen stellen sich Deine Reisenden sowieso. Es ist also gut, sie vorab klar zu beantworten, damit keine mentalen Nebenschauplätze eine entspannte Reise verhindern.

Wir gehen davon aus, daß die Menschen sich einlassen wollen und Dir vertrauen wollen. Sie suchen nach den Hinweisen, um sich mit Dir sicher zu fühlen. Also gib ihnen die wichtigen Informationen, die sie brauchen, um diese Sicherheit zu bekommen.

Die äußeren Bedingungen

Nachdem Du Deine Vorbereitungs-Checkliste mit einem inneren „Alles OK“ abgeschlossen hast und Du Deinen Rahmen gesetzt hast, kannst Du die Reisenden gegebenfalls an die warmen Socken erinnern, daran, die Handys auszustellen und dann eine Entspannungsposition einzunehmen.

- ➔ Du kannst die klassische Yoga-Entspannungsposition vorstellen: Auf dem Rücken liegend, Arme und Beine unverschränkt, die Arme neben dem Körper, die Handflächen zeigen zum Himmel, die Füße ein wenig voneinander entfernt.
- ➔ Eine weitere Yoga-Enspannungsposition ist die Seitenlage: Auf der Seite liegend, das untere Bein ausgestreckt, das obere Bein angewinkelt, der Fuß ruht in der Kniekehle des unteren Beines, der untere Arm hinter dem Körper, der obere Arm vor dem Körper abgelegt.

Für Phantasiereisen *im Sitzen* kannst Du anbieten:

- ➔ Im Stuhl aufrecht sitzend sollte die Wirbelsäule gerade sein und der Atem bis in den Bauch fließen können, Arme und Beine sind unverschränkt, die Füße stehen fest auf dem Boden ein wenig auseinander.
- ➔ Die Kutscherhaltung: Im Stuhl vorgebeugt sitzen, beide Füße fest auf dem Boden, die Knie geöffnet, die Unterarme auf dem Oberschenkel abstützen, Kopf und Nacken entspannt hängen lassen.
- ➔ In den Sessel hängen: Auf der Sitzfläche so weit nach vorne rutschen, daß man sich mit den Schultern und dem Kopf an der Rückenlehne abstützen kann.

Für Phantasiereisen *im Stehen* ist es wichtig, auf eine aufrechte Haltung hinzuweisen.

- ➔ Locker stehen: Die Füße stehen hüftbreit auseinander, die Knie sind leicht gebeugt; Knöchel, Knie, Becken und Schulter sind auf einer Linie, der Atem kann frei und tief fließen bis in den Bauch, die Arme hängen locker neben dem Körper, der Kopf sitzt auf der Wirbelsäule wie eine Perle.

Die inneren Bedingungen

Um schon in der Vorbereitung der Reise die souveräne Sicherheit auszustrahlen, die es Menschen ermöglicht, sich Dir anzuvertrauen, kannst Du ***Deinen inneren Zustand*** vorab mit einem Einstimmungs-Ritual auf die Situation abstimmen – Beispiel: *„In einer entspannten Position nimm drei tiefe Atemzüge, und mit dem Ausatmen kannst Du alles loslassen, was Du loslassen möchtest. Du kannst frei werden und leer und Dich auf die Menschen, das Thema und die Reise einstimmen. Nimm Kontakt mit Deiner Quelle auf und verbinde Dich so, daß Du einfach fließen lassen kannst, was Dir jetzt an Bildern, Tönen und Worten einfällt. Erinnere Dich an Situationen, wo Du diese Qualität, die Du mit Deinen Reisenden heute erleben möchtest, schon selbst erlebt hast."*

Um in den Reisenden die Sicherheit zu stärken, kannst Du den Hinweis geben: *„Du kannst jederzeit die Reise unterbrechen, da Dein Wachbewußtsein selbstverständlich immer zugänglich ist, indem Du Deine Augen öffnest, Dich umschaust und Dich berührst."*

Für uns ist klar, daß wir schon im Vorfeld klären, daß Phantasiereisen sich an gesunde „Normal-Neurotiker" wenden, also an Menschen wie Du und ich mit einer kleinen „Macke". – Wir machen keine Phantasiereisen in Gruppen mit Menschen, die eine tiefe Sinnkrise oder eine akute Depression haben oder suizidgefährdet sind. Selbstverständlich können Profis selbst entscheiden, ob sie mit ihren Patienten Phantasiereisen machen. Wir empfehlen unsere Phantasiereisen für die Arbeit mit gesunden Menschen.

Die Durchführung – die Reise selbst

Nachdem alle Vorbereitungen getroffen und abgeschlossen sind, kann es jetzt losgehen. Warte ab, bis Ruhe eingekehrt ist und sammel Deine Aufmerksamkeit. Gib den Reisenden noch einmal die Erlaubnis zu wählen, ob und wie weit sie sich einlassen wollen, ob sie Deiner Stimme folgen mögen und all den Assoziationen, die sie bei ihnen weckt, oder ob sie ihren eigenen Gedanken folgen wollen und auf ihre eigene Art entspannen und sich dem Thema widmen wollen.

Frei sprechen oder vorlesen

Es macht einen enormen Unterschied aus, ob Phantasiereisen vorgelesen oder frei gesprochen werden. Die Zuhörer bemerken, ob zu ihnen gesprochen wird oder zu einem Papier.

➜ *Beim Vorlesen:* Du hast Deine Inhalte gut lesbar auf Moderationskarten vorbereitet und für ausreichend Licht gesorgt. Nun kannst Du in Ruhe die ersten Sätze durchlesen, dann den Kopf heben und erst dann die Sätze frei in Deine Gruppe sprechen. Erlaube Dir, Satz für Satz auf diese Art vorzutragen. Auf diese Weise entstehen ganz elegant die Pausen, die Deine Reisenden nutzen können, die eigene Bilderwelt zu entfalten und sich der eigenen schöpferischen Kraft hinzugeben.

➜ *Frei sprechen:* Eleganter noch als das Vorlesen ist das freie Sprechen in die Gruppe hinein. Hierbei kannst Du darauf achten, daß Du langsam und melodisch sprichst – eingetaucht in Deinen inneren Zustand –, genügend Raum läßt für eigene Vorstellungen der Reisenden, indem Du längere Pausen machst. Du kannst Dein Timing optimal gestalten, wenn Du die angesprochenen Inhalte und Bilder in Dir selber entstehen läßt.

Die Stimme – mit Klang berühren

Ein Großteil der entspannenden, die Phantasie beflügelnden Wirkung wird durch die Untereigenschaften der Stimme hervorgerufen. Die besondere Atmosphäre wird durch die Tonalität, durch den Sprechrhythmus, die Geschwindigkeit, die Lautstärke, die Modulation, Höhen und Tiefen entstehen.

Auch hier lassen sich am leichtesten die geeigneten Untereigenschaften herstellen, indem Du den Zustand in Dir herstellst, den Du hervorrufen möchtest. Mit dem Zustand assoziiert sind die Untereigenschaften Deiner Stimme, ganz selbstverständlich, die der Zuhörer nicht nur hören kann, sondern die sein Erleben anregen werden. Allgemein gilt: Eine tiefe, ruhige, langsame und melodische Sprechweise hat eine beruhigende und entspannende Wirkung.

Die Wahrnehmung

Gerade wenn Du frei sprichst, hast Du leichter die Möglichkeit, wahrzunehmen, was Deine Worte in der Gruppe auslösen. Du kannst durch einfache Beobachtung Dein Tempo variieren und auf die Geschwindigkeit der Gruppe anpassen. Erlaube Dir, das Wahrgenommene mit einfließen zu lassen in das, was Du tust.

Wenn Du beobachten kannst, daß die Mehrzahl der Reisenden Deine Angebote annimmt und umsetzt, weißt Du, wie Du weiterführen kannst, z.B. kannst Du vorschlagen, noch eine kleine Bewegung zu machen, um es noch bequemer hier zu haben, einen tiefen Atemzug zu nehmen, um noch tiefer loszulassen.

Wenn Du nach 20 Minuten eine Unruhe bei mehreren Personen bemerkst, kann es sein, daß ungeübte Reisende Schwierigkeiten haben, so lange „bei der Sache zu bleiben". Gegebenenfalls bietet es sich an, Deine Reise ein wenig zu kürzen und auf das Wesentliche zu komprimieren.

Geräusche (Husten, Lachen, Schnarchen), die Du wahrnimmst, können auch die anderen wahrnehmen und sich vielleicht gestört fühlen. Es lohnt sich, diese Störungen aufzugreifen und für Deine Zwecke zu nutzen. Alles, was Du wahrnimmst, kannst Du utilisieren.

Utilisation

Der Grundgedanke der Utilisation stammt von Milton Erickson, dem Begründer der Hypnotherapie. Es ist einfacher, alle Vorkommnisse, Störungen und Geräusche zu benennen und in das Trance-Geschehen einzubauen, als sie zu ignorieren. Jedes Geschehen, das wahrgenommen wird, ruft eine Reaktion hervor und eröffnet einen Nebenschauplatz im Gehirn, wenn Sinn, Wichtigkeit und Bedeutung dieses Geschehens nicht geklärt werden.

Milton Erickson hat alles, was im Erleben seines Klienten passierte, als Anlaß genommen, diese Erfahrung mit einem gewünschten Zustand zu verknüpfen. Das Wahrgenommene wird zuerst benannt und gewürdigt und mit der vagen Sprache des Milton-Modells dahingehend weitergeführt, daß ein wünschenswerter Zustand mit diesem Wahrgenommenen kunstvoll verbunden wird. Hier einige Beispiele:

➔ Das Geräusch eines vorbeifahrenden Autos: *„Und indem sich das Geräusch des vorbeifahrenden Autos immer leiser anhören kann, kannst Du mehr und mehr nach innen lauschen und Deine innere Stimme kann lauter werden."*

➔ Das Geräusch eines Flugzeuges: *„Und wenn Du das Flugzeug hörst, kannst Du Dich erinnern an Urlaub und an Plätze und Orte, wo Du in Deinem Leben Erholung erlebt hast – Ruhe und Frieden."*

➔ Das Geräusch von Schritten: *„Und während Du jetzt die Geräusche hören kannst, kannst Du Schritt für Schritt in diesen entspannten Zustand kommen, den Du gut kennst."*

➔ Das Geräusch eines abfahrenden Zuges: *„Und der Zug kann all die Spannungen mitnehmen und Raum geben für Stille und Entspannung."*

➔ Husten: *„Und alles, was Du hörst, kann Dich darin unterstützen, bei Dir zu sein – immer wieder."*

➔ Niesen: *„Und indem Du an Gesundheit denkst, kannst Du Dich freuen, daß Du jetzt Zeit für Dich hast und loslassen kannst, was Du loslassen möchtest, um Deine eigenen Selbstheilungskräfte zu stärken."*

➔ Lachen: *„Und das Lachen bewirkt, daß Du Dich an Leichtigkeit und Fröhlichkeit erinnern kannst und diese Leichtigkeit mitnehmen kannst auf Deiner Reise, wo immer Du jetzt gerade bist."*

→ Schnarchen: *„Und wenn Du die Töne hier hörst, kannst Du auf die Töne an Deinem Ort der Ruhe lauschen und Dich immer wieder neu entscheiden, was jetzt für Dich wichtig ist."*

→ Heftiges Weinen: *„Und während Du jetzt hörst, was Du hörst, kannst Du Dir sicher sein, daß sich jemand kümmern wird und alles Notwendige geschehen wird, was jetzt wichtig ist, so daß Du wieder ganz zurückkehren kannst zu Dir mit Deiner ganzen Aufmerksamkeit. Und alle Geräusche jetzt können Dich darin bestärken, Dich wieder Deinem Prozeß zuzuwenden und das zu tun, was jetzt für Dich wichtig ist."*

→ Wenn eine Person plötzlich aufsteht und rausgeht: *„Und während Du Dich vielleicht fragst, was jetzt gerade passiert ist, kann auch schon die Gewißheit in Dir entstehen: Für alles gibt es eine vernünftige Erklärung, und es wird sich zu gegebener Zeit von ganz alleine erhellen. Mit diesem Wissen kannst Du Dich Deinem Erleben zuwenden und Dich erinnern, wo Du gerade einen Moment vorher warst in Deinem eigenen Prozeß. Und das bewirkt, daß Du anknüpfen kannst an Deine inneren Bilder und Deine Kreativität und wieder eintauchen kannst in Deine Farben und Dein Licht, Deine Klänge und Töne und eine Stille in Dir."*

Die Musik

Um die Musik bei Bedarf lauter oder leiser zu regulieren während Deiner Phantasiereise, ist es gut, eine Fernbedienung griffbereit zu haben. So kann man auch einzelne Effekte besonders hervorheben bei Stille, z.B. einen Moment ohne Musik unterlegen. – Die Lautstärke wird zu Beginn der Reise ein wenig leiser, während des Mittel-Teils bleibt sie gleich und wird gegen Ende der Phantasiereise wieder lauter, wenn es darum geht, die Zuhörer wieder zurückzuführen.

Die Nachbereitung – Eindrücken Ausdruck geben

Gib den Reisenden genügend Zeit, um ihre Erlebnisse in Ruhe zu verarbeiten. Achte darauf, daß alle Teilnehmerinnen und Teilnehmer wieder mit allen Sinnen in der Gegenwart ankommen und wach mit der Aufmerksamkeit außen sind.

Überprüfe, daß es allen gutgeht. Manchmal erleben Menschen in Phantasiereisen Momente des Glücks, ekstatische Zustände und Augenblicke innigster Verbundenheit. Wir alle kennen solche Gipfelerlebnisse auch im Alltag – einen Augenblick eins sein mit der Natur, beim Sonnenuntergang am Meer – ein tiefes inneres

Berührtsein beim Hören eines bestimmten Musikstückes – zutiefst bewegt sein durch einen Film – beseelt sein von einem Vortrag. Oft bleiben solche Erlebnisse für sich allein isoliert. In der Nachbereitung einer Phantasiereise gibt es die Chance, den Zauber dieser besonderen Momente zu genießen und zu teilen und damit ein Stück näher auf die Erde zu bringen.

Wähle Methoden aus, mit denen Du Deinen Reisenden die Möglichkeit gibst, das Erlebte auszutauschen und in einem entspannten Rahmen zu integrieren. Wichtig ist es, den *Ein*drücken Raum zu geben, einen *Aus*druck zu finden.

Zur Integration

- → **Malen**, um Bilder, Symbole, Farben und Formen aus der Reise ins Hier und Jetzt zu holen. So können die schöpferischen Prozesse aus den Innenwelten im Alltag weitergeführt werden und hier einen Platz finden. Die entstandenen Bilder können Grundlage sein für intensives Verstehen.
- → **Schreiben**, um das Erlebte in Worte und Werte zu fassen, um wichtige Erkenntnisse und Erlebnisse bewußt zu machen und festzuhalten. Das Schreiben kann dazu dienen, die eigene Bilderwelt in angemessene Sprache zu übersetzen.
- → **Tanzen**, um die Erfahrungen in den Körper zu integrieren. Wenn nach einer Phantasiereise das Erlebte in Bewegung umgesetzt werden kann, lernt der Körper die Muster für das Neue. Eine schöne Möglichkeit, erfahrenes Wissen einen

Platz im Körper finden zu lassen und die Umsetzung von gemachten Erkenntnissen der Körperweisheit anzuvertrauen.

➜ **Gespräche**. Im Mitteilen seiner Innenwelten entsteht die Chance, Erfahrenes zu teilen. Hier bietet sich unmittelbar eine Möglichkeit, Reaktionen auf das schöpferisch neu Entstandene zu testen. Wenn wir einem Gegenüber etwas über uns erzählen, dann erschaffen wir ein Bild von uns. Im Erzählen erfinden wir uns neu.

Zum Abschluß

In der Abschluß-Runde kannst Du mit Fragen nach dem Gewinn und dem Nutzen ressourcenorientiert führen. Gib den Menschen ein „Geländer", an dem sie sich orientieren können. Um es zu erleichtern, kannst Du einen Fragenleitfaden entwerfen mit den Fragen, die Du für wichtig hältst, um das Erleben abzuschließen. Diesen Leitfaden kannst Du Deinen Reisenden an die Hand geben, so daß sie sich zu diesen Fragen kurz äußern können. Dies kann in Kleingruppen geschehen oder in der großen Runde. Du kannst es auf ein Flip-Chart schreiben oder ein Laminat herstellen, das weitergegeben wird. Dies hat den Vorteil, daß auch die „Schüchternen" etwas umfangreicher antworten und die „Viel-Redner" kurz gehalten werden.

Beispiele für Fragen:

➜ Was hat Dir gut gefallen?
➜ Was hat Dich besonders bewegt?
➜ Was hat Dich berührt?
➜ Welche Geschenke hast Du erhalten?
➜ Welche Ideen sind neu entstanden?
➜ Was hat Dir Spaß gemacht?
➜ Was war hilfreich für Deine jetzige Situation?
➜ Wie kannst Du das Erlebte in Deinem Alltag nutzen?
➜ Wo könntest Du diese Qualität im Alltag einsetzen?
➜ Was ist der Gewinn für Dich?

Wähle die Fragen, die Dich am meisten interessieren – **drei** reichen aus, um einen Transfer ins Jetzt anzuregen. – Auch Abschluß-Rituale haben sich bewährt. Hier ein Beispiel aus unserer Praxis, um sicherzustellen, daß alle fahrtüchtig sind für den Heimweg.

Ich bin top fit

Bei „Ich“ berühren die Teilnehmerinnen und Teilnehmer mit den Händen ihre Schienbeine. Bei „bin“ berühren sie mit beiden Händen ihre Oberschenkel. Bei „top“ berühren sie den oberen Brustkorb und bei „fit“ strecken sie die Arme in Richtung Himmel. Alle gemeinsam bringen Worte und Bewegung in einen gemeinsamen Rhythmus und wiederholen dies fünfmal im Einklang.

So ist sichergestellt, daß alle wieder in der Realität gelandet sind.

3. Phantasiereisen

Ort der Ruhe

Ziel: Einen inneren Ort etablieren, an dem man Gelassenheit und Ruhe erleben kann, inneren Frieden und Wohlbefinden

Dauer: 20 Min.

Musik: Harfenmusik von Karsten Ritschl

Anmerkungen: Der Ort der Ruhe ist eine Vorstellung von einem realen oder fiktiven Ort in uns, die Gefühle von Gelassenheit und Frieden ermöglichen kann. Wir nutzen diese Phantasiereise gerne in unseren Seminaren, um einen Anker zu erschaffen, damit die Teilnehmerinnen und Teilnehmer sich auch im Alltag an diesen Ort erinnern können und damit eine praktische Möglichkeit des Selbst-Managements nutzen.

Diese Phantasiereise gibt es auch mit der Stimme von Karsten Ritschl auf der CD „Phantasiereisen", auf der sich auch die Harfenmusik befindet.

Anleitung:
Und dann mach es Dir ganz bequem in Deiner Position und stimme Dich auf Deine Art ein – auf eine Zeit mit Dir – auf eine Zeit voller Ruhe und Entspannung – in Kontakt sein mit Dir – auftanken und Dich wohl fühlen.

Und wie immer kannst Du wählen, wie Du die Zeit mit Dir verbringst – ob Du Dich mitnehmen läßt von der Musik, den Tönen und Klängen, der Melodie und dem Rhythmus – oder ob Du einfach nur daliegst und Deinen Gedanken nachgehst – Dir die Erlaubnis gibst, sie kommen und wieder gehen zu lassen – oder ob Du

Dich anregen lassen möchtest von meiner Stimme, den Worten und den Assoziationen, die sie bei Dir weckt.

Und dann spüre in Deinen Körper hinein und nimm wahr, an welchen Stellen Du überall in Kontakt bist mit der Erde – und was Du alles loslassen kannst, abgeben kannst – weiter werden – und in Dir Raum schaffen für Entspannung – und alles, was Du wahrnimmst, kann Dich darin unterstützen, die Zeit mit Dir zu genießen.

Dann beginne damit, zu spüren, wie sich Deine Beine anfühlen, das Gewicht Deiner Beine loslassen und der Erde anvertrauen – die Beine weiter und weicher werden lassen und Dir die Erlaubnis geben, zur Ruhe zu kommen.

Und während Du mit Deiner Aufmerksamkeit Dein Becken spüren kannst Du auch hier wahrnehmen, wie die Schwerkraft Dich trägt und was Du in diesem Bereich noch der Erde anvertrauen kannst, loslassen kannst.

Und je höher Du mit Deiner Aufmerksamkeit kommst, desto leichter fällt es Dir, diesen Zustand von „Wohlempfinden" und Frieden in Dir zu genießen.

Und dann beginne, Deine Aufmerksamkeit weiter nach oben zu lenken – Deinen Rücken entlang bis zu Deinen Schultern – und auch hier spüren, was Du loslassen kannst, abgeben kannst – ganz selbstverständlich, so daß in Dir Raum entstehen kann für eine tiefe Entspannung.

Und Du kannst entscheiden, wie schnell oder wie tief diese Entspannung heute für Dich sein kann. Und dann nimm wahr, wo in Deinem Körper bereits dieses Gefühl mehr werden kann – sich ausbreiten kann – die Arme entlang bis zu Deinen Fingern – und weiter nach oben bis zu Deinem Kopf, spüren, wie Du den Kopf gelegt hast – und wie sich Dein Gesicht anfühlt, und was Du in diesem Bereich noch loslassen kannst, abgeben kannst – und Deine Stirn ist ganz glatt, und Deine Wangen sind weich und entspannt, Deine Lippen ganz warm, und Du kannst spüren, wie Deine Zunge ihren Platz finden kann, und Du kannst Deinem Atem folgen, Deinem ganz eigenen Rhythmus. Und wenn Du magst, kannst Du mit jedem Ausatmen ein klein bißchen mehr loslassen, ein klein bißchen tiefer entspannen – mit jedem Ausatmen tiefer und tiefer – so tief, wie es für Dich heute richtig ist.

Und dann genieße dieses Gefühl in Deinem Körper, lasse es mehr werden – und nimm wahr, was passiert, wenn dieses Gefühl Deinen ganzen Körper durchströmen kann, jede Zelle Deines Körpers spüren kann – tief entspannt sein – und auf eine ganz persönliche Art verbunden sein mit Dir, verbunden sein mit innerer Ruhe, einem inneren Frieden.

Und während Du diesen Zustand weiter genießen kannst, kannst Du Deine Phantasie einladen, Dich an einen Ort in der Natur zu begleiten, an dem Du Ruhe und Frieden erleben kannst, einen Ort in der Natur, an dem Du Dich verbunden fühlst und eingebettet, einen Ort in der Natur, an dem Du vielleicht schon einmal warst, der Dir vertraut ist und bekannt, und an dem Du Dich schon einmal aufgehoben, an dem Du Dich verbunden gefühlt hast. Vielleicht schenkt Dir Deine Phantasie jetzt auch einen Ort, den Du jetzt erschaffst – und dann laß Dich überraschen, wohin Deine Phantasie Dich trägt, laß Dich mitnehmen an diesen Ort, mit all Deinen Sinnen – neugierig entdecken, was dieser Ort für Dich als Geschenk bereithält. Und dann lade alle Deine Sinne ein, diesen Ort – Deinen Ort – zu entdecken.

Schau Dich um, welche Farben und Formen Dich umgeben, was Du alles sehen kannst, wenn Du Dich umblickst, in alle Richtungen, wie sieht der Himmel über Dir und der Boden unter Dir aus? – Und welchen Ausblick hast Du? – Laß Dich inspirieren von den Farben und diesem ganz speziellen Licht – und während Du Dich von dem Spiel der Farben verzaubern lassen kannst, nimm auch wahr, was Du hören kannst, Klänge oder Töne, Geräusche der Natur – oder vielleicht eine ganz spezielle Stille – Stille an Deinem Ort oder Stille in Dir.

Vielleicht sagst Du Dir auch etwas innerlich – läßt Dich inspirieren von der Stimmung, die jetzt da ist – vielleicht hat Dein Ort auch ein Botschaft für Dich, etwas, was er Dir durch sein So-Sein mitteilen kann.

Und dann lausche dem, was da ist, laß Dich beschenken – und während Du das Spiel der Farben genießen kannst, den ganz eigenen Rhythmus und die Stimmung annehmen, nimm auch wahr, wie es sich anfühlt, mit all Deinen Sinnen ganz an Deinem Ort zu sein, spüre das Gefühl, das Dir Dein Ort schenkt. Vielleicht ist es genau dieses Gefühl von Ruhe und Frieden, vielleicht ist es aber auch eine ganz spezielle Kraft und Energie – und was passiert, wenn Du Dich der Qualität Deines Ortes öffnen kannst? Und dann gönne Dir die Zeit, Dich verbunden zu fühlen – verbunden mit Deinem Ort – verbunden mit Dir. Und nimm wahr, wie es ist, sich eingebettet zu fühlen, Teil zu sein von einem größeren Ganzen, Teil der Natur zu sein, einzigartig und gleichzeitig verbunden mit all dem, was ist, mit der Natur und den Qualitäten Deines Ortes.

Und genieße dieses Gefühl, das Dich berührt oder durchströmt – und vielleicht gibt es auch einen ganz bestimmten Geruch, der das Gefühl noch intensivieren kann – oder einen ganz speziellen Geschmack, der es Dir erleichtert, mit all Deinen Sinnen zu genießen. Dieses Gefühl intensiver werden lassen, spüren, wie es ist, wenn Dein ganzes Wesen diese Energie, diese Atmosphäre genießen kann, eintauchen – sich bereichern und beschenken lassen.

Und dann gib Dir noch einen Augenblick Zeit, alle Deine Sinne für diesen besonderen Moment einzuladen, zu genießen und anzunehmen. Was von dem, was Du jetzt erlebst, kann Dich unterstützen, und nutze das Wissen, daß Du diesen Zustand jederzeit auch in Deinem Alltag erleben kannst, einfach nur, indem Du Dich erinnerst – an die Farben oder das Licht, an die Töne oder an die Klänge und an dieses Gefühl.

Mit dieser Gewißheit verabschiede Dich von Deinem Ort. Und beginne die Rückreise, die Reise hierher zurück mit Deiner Aufmerksamkeit, Schritt für Schritt mehr hierher zurück in diesen Raum, in Deinem Tempo hierher in Deinen Körper – und Du kannst anfangen zu spüren, wie Du in Kontakt bist mit dem Boden – wahrnehmen, wie Du mit jedem Einatmen ein klein bißchen mehr Frische und Energie aufnehmen kannst. Und Du kannst spüren, wie diese frische Luft in Dir mehr und mehr Vitalität und Wachheit schafft. Und mit jedem Einatmen hast Du ein klein bißchen mehr Frische und Energie, der Du Dir mehr und mehr bewußt sein kannst – und Du kannst Deinen Körper und Deine Sinne einladen, wieder wacher zu werden, wie nach einem langen erholsamen Schlaf, und Du kannst neugierig sein, was Dich zuerst zurücklockt, eine Bewegung oder eine Berührung, vielleicht ist es sogar ein erfrischender Gedanke, eine Frage oder eine Idee, die Du mitnimmst in Deine nächsten Handlungen – und dann kannst Du Dich ja ein klein bißchen räkeln oder strecken, Dich zurücklocken auf Deine Art, liebevoll und respektvoll mit Dir selbst. Und vielleicht schon einen Gedanken entstehen lassen, was Du heute noch tun möchtest, für Dich oder mit anderen zusammen. Und dann laß diesen Gedanken klarer werden und komme mit Deiner Aufmerksamkeit vollständig wieder hierher zurück.

Notizen:

Ziele für den Alltag

Ziel: Ziele entwickeln, mit allen Sinnen Ziele entwerfen

Dauer: 20 Min.

Musik: Gibson, Dan: Appalachian mountain suite

Anmerkungen: Diese Phantasiereise machen wir oft am Ende eines Wochenend-Seminars, an dem die Teilnehmerinnen und Teilnehmer Ziele für ihr Leben entwickelt haben. Manchmal wählen wir sie auch zur Integration von Erlebnisinhalten an einem Fortbildungswochenende.

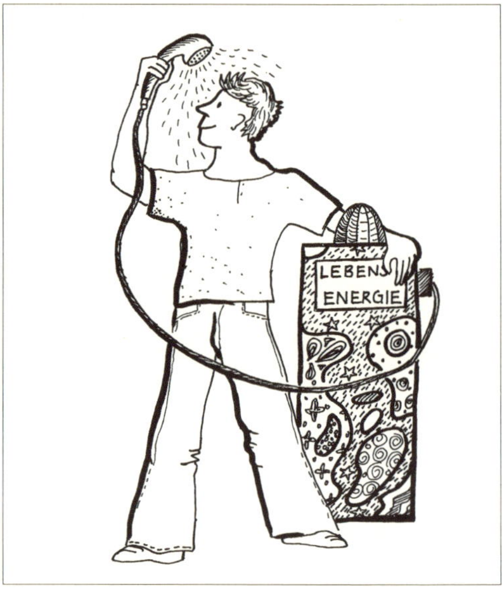

Anleitung:

Mach es Dir wieder ganz bequem – so bequem, daß Du für einige Zeit zur Ruhe kommen kannst. Und Du kannst es genießen – hier mitten am Tag – einen Moment nichts zu tun – einfach nur sein – zu wissen, daß Du hier zur Ruhe kommen kannst – Dein Handy ausgeschaltet ist – und Du all das tun kannst, das Dich darin unterstützen wird, zur Ruhe zu kommen – und bei Dir zu sein mit Deiner Aufmerksamkeit. Und wie immer hast Du die Wahl – ob Du den eigenen Gedanken folgen magst – auf Deine eigene Art zur Ruhe kommen möchtest – vielleicht, indem Du Dich daran erinnern kannst – an Augenblicke von Wohlbefinden – von Muße und Ruhe – Momente von „nur sein – nichts tun" – und wenn es für Dich stimmt, kannst Du Dich begleiten lassen von meiner Stimme – von all den Assoziationen, die sie bei Dir weckt – an diesen Ort der Ruhe – den Du gut kennst – wo Du es Dir einen Augenblick bequem machen kannst – an einen Ort in der Natur – zum Tagträumen – über Deine Ziele – in Deinem Leben – wofür Du denkst, daß es sich lohnt, Dich einzusetzen – und wenn es für Dich stimmt – dann kann die Musik – diese vertrauten Klänge Dich dahin begleiten – in diesen gelassenen Zustand – in dieses bekannte Gefühl von Gelöst-Sein – von Ruhe und Kraft – einfach, indem Du Deinem Körper erlauben kannst, das zu tun, was er jetzt gerne tun möchte – verdauen – zur Ruhe kommen – loslassen – und die Energie sammeln für die Zeit, die vor Dir liegt. Und auch heute wieder können alle Geräusche – alles, was Du hören kannst – alle Geräusche von draußen – und auch von hier innen im Raum – Deine eigenen Atemgeräusche – die Musik und meine Stimme – Dich darin unterstützen, daß Du zur Ruhe kommen kannst – und nach innen lauschen kannst – so daß Du mehr und mehr das Außen loslassen – und nach innen lauschen kannst auf eine innere Stille – auf das, was Du Dir innen sagen kannst – so daß Du loslassen und zur Ruhe kommen kannst – und während dies von ganz allein geschehen kann – können die Muster und Farben – das Licht hinter Deinen geschlossenen Augenlidern – können diese Muster Dich darin unterstützen, daß Du mehr und mehr nach innen schauen kannst – nach innen schauen – auf Deine inneren Bilder – auf Dein inneres Licht – und wenn Du nach innen lauschen kannst – nach innen schauen – und Dich Dir zuwenden kannst – kann dies von ganz allein geschehen – einfach, indem Du mit Deiner Aufmerksamkeit mehr und mehr nach innen finden kannst – zu Dir – wahrnehmen, wie heute Dein Rhythmus ist – von Ausatmen – und Einatmen und wie Du Deine Atempause machen kannst – dieses Innehalten – zur Ruhe kommen – Deinem Körper erlauben zu regenerieren – und einfach geschehen lassen, was jetzt ist – annehmen – und Deinen eigenen Rhythmus leben – und alles, was Du wahrnimmst, kann Dich darin unterstützen, bei Dir zu sein – immer wieder – zu Dir zurückzufinden – so daß Du mit Deiner Aufmerksamkeit das Außen mehr und mehr loslassen kannst – so, als wenn alles so ein klein wenig von Dir abrücken kann – oder ein wenig leiser werden – ein wenig weiter weg sein – so daß Du mehr und mehr in diesen gelösten Zustand kommen kannst – tiefer und tiefer und tiefer in eine Entspannung – so daß Du tiefer und tiefer loslassen kannst – genauso tief, wie es für Dich stimmt – genauso tief, wie Du heute entspannen möchtest – mit jedem Atemzug ein wenig mehr – mit jedem Ausatmen in Deinem Rhythmus loslassen – spüren, wie Du Dein Gewicht dem Boden anvertrauen kannst – spüren, wie Du durch die Schwerkraft mit der Erde verbunden bist – verwurzelt – getragen – ganz selbstverständlich so wie jeden Tag – auch heute hier – und jetzt. Und vielleicht gibt es eine Stelle in Deinem Körper, die jetzt schon losgelassen hat – wo Du dieses Gefühl von Entspannung und Gelöst-Sein schon spüren kannst – und ich weiß nicht, wohin es sich zuerst ausbreiten wird – nach unten in Deine Füße – oder in Deine Hände – oder bis hinauf in Deinen Kopf – und nur Du weißt, wie sich das anfühlt – wenn sich dieses Gefühl in Dir ausbreiten kann – und mehr werden, mit jedem Atemzug – in Deiner Zeit – und während dies von ganz allein geschieht – und Dein Körper mehr und mehr in diese Entspannung kommen kann – kann Dein Geist hellwach sein – und mitkommen auf die Reise zu einem Kraftplatz – wo Du Energie tanken kannst – erinnere Dich – oder erschaffe neu – und wieder kannst Du wählen, welches heute Dein Ort sein darf – um mit all Deinen Sinnen an diesem Ort zu sein – mit all dem, was für Dich dazugehört – was es zu einem besonderen Ort für Dich macht – mit all dem, was dazugehört, daß diese ganz besondere Atmosphäre entstehen kann – wo Du nichts zu tun brauchst – nur Du sein.

Und indem Du an diesen Ort denkst, nimm wahr, was Du hier sehen kannst – was Dich darin unterstützen kann, diesen besonderen Ort zu genießen – die Farben und dieses ganz besondere Licht – die Formen hier – und diesen Ausblick, und Du weißt, was es ist, was hier ganz besonders ist – und während Du noch schauen kannst – und alles wahrnehmen, was Dir hier gut tun und Dich nähren und stärken kann – kannst Du schon lauschen auf die Klänge und Töne hier – vielleicht eine ganz bestimmte Art von Stille – Stille in Dir – Stille an diesem Ort – Klänge und Töne – und alles, was Du wahrnimmst und hörst, kann Dich darin unterstützen, an diesem Ort zu lauschen, welche Klänge hierhergehören – vielleicht ein bestimmter Rhythmus – Geräusche, Geräusche in der Natur – etwas, was Du Dir hier innen sagen kannst, wenn Du an diesem Ort bist – und Du weißt, was Dich hier tief innen berühren kann – und was Du hier berühren kannst – Du weißt, was Dich hier bewegt – und was Du hier empfindest – und was die ganz besondere Qualität an diesem Ort ist, etwas, was Du mitnehmen kannst, überall hin, als Erinnerung.

Vielleicht gibt es hier einen Duft, oder vielleicht ist es die Luft, die Du hier atmest – die dieses Gefühl von Stärke und Kraft in Dir intensiver werden läßt – vielleicht gibt es einen Geschmack, der hierher passt.

Mache es Dir an diesem Ort noch einmal ganz bequem, so daß Du loslassen kannst, was Du noch loslassen möchtest – vielleicht Gedanken – oder Spannungen – was Du noch gehenlassen möchtest, um ganz zu Dir in Deine Mitte zu finden – mach es Dir bequem zum Tagträumen – und erlaube Dir, Gedanken vorbeiziehen zu lassen – in Deinen Rhythmus kommen – und gehen – vorbeiziehen lassen, was Deine nächsten Ziele sind oder Dein nächstes Ziel – wofür lohnt es sich, etwas zu tun – und vielleicht kann Dir auch hier jetzt einfallen, was Du mehr und öfter und intensiver erleben möchtest – und Du weißt, wie es ist, wenn Du Dein Ziel erreicht hast. Wie wirst Du wissen, daß Du angekommen bist? Was kannst Du sehen? Was werden andere sehen? Was kannst Du Dir innen sagen, und was werden andere hören? Wie wird sich das für Dich anfühlen, und wie wird es für andere spürbar sein? Was ist das ganz Entscheidende, daß Du wissen kannst, daß Du Dein Ziel erreicht hast? Welche Farben, welches Licht gehören dazu? Welche Töne und Klänge – wie hört sich Deine Stimme an – und Dein Lachen? Und dann stell Dir vor, Du kannst hineinsteigen in dieses Zielbild, in diesen Zielfilm – und spüren, wie es sich anfühlt,

Dein Ziel erreicht zu haben. Bewege Dich in dieser Vorstellung und laß dieses Gefühl einen Platz in Dir finden – damit Du weißt, daß dieses Gefühl – dieser innere Zustand erlebbar ist, und Du weißt, daß Du nachts träumen kannst – und es tagsüber realisieren kannst. Immer wieder. Und was wird Dich erinnern in Deinem Alltag – erinnern an Dein Ziel, und wie gut es sich anfühlt, es erreicht zu haben?

Und dann verabschiede Dich von Deinem Ort – indem Du Dich noch mal umschauen kannst – noch mal die Farben wahrnehmen – die Formen – den Ausblick – dieses ganz besondere Licht – das, was es für Dich besonders macht hier – und die Töne und Klänge – die Botschaft erlauschen, die dieser Ort für Dich hat – was sagt er Dir – und was kannst Du Dir hier erlauben – so daß Du einfach Du sein kannst? Verabschiede Dich auf Deine Art – mit dem Wissen, daß Du dieses Gefühl mit hierherbringen kannst in Deinen Alltag – hierherbringen in diesen Raum – auf Deine Art und in Deinem eigenen Tempo – indem Du diesen Weg gehst, den Du vorhin nach innen gegangen bist – jetzt von innen nach außen – wenn Dein Atem Dich unterstützt hat – dann wieder mit dem Einatmen – wacher werden – mit jedem Atemzug ein wenig wacher – Dich hierher zurückorientieren – wahrnehmen, welcher Deiner Sinne zuerst hier sein möchte – vielleicht die Ohren – die hören können, daß sich etwas verändert – vielleicht die Augen – so ein Blinzeln, um zu schauen, wie das Licht hier an diesem Ort ist – vielleicht so eine Lust, sich schon ein bißchen zu bewegen – zu räkeln – sich lang machen – so ganz behutsam und in Deinem Tempo hierher zurück – genau – vielleicht ein freundlicher Gruß an Deine Wirbelsäule – von rechts nach links rollen und von links nach rechts – die Knie umfassen und den Rücken sensibilisieren – auf und ab schaukeln – genau – alles das, was Dich wacher machen wird – eine Berührung – so daß Du wacher und wacher werden kannst – und Du weißt ja, Du mußt nicht gleich hellwach sein – und Du weißt auch, die Phantasiereise endet immer im Sitzen, so daß Du Deinen Kreislauf in Schwung bringen kannst, und dann erst geht es mit Bewegungen weiter – körperlicher und geistiger Beweglichkeit.

Notizen:

Dem Fluß des Lebens folgen

Ziel: Akzeptieren und annehmen können, Wahlfreiheit, Flexibilität

Dauer: 20 Min.

Musik: Gibson, Dan: Woodland Harp

Anmerkungen: Das Leben bietet eine Fülle an Situationen, in denen man sich überlegt, ob man die Gegebenheiten annehmen und akzeptieren sollte oder ob man aktiv an einer Veränderung mitwirkt. Die Phantasiereise möchte den Zugang zu beiden Qualitäten öffnen. Die Zuhörenden können sich zu Beginn der Reise eine Situation aus dem Alltag vorstellen, in der sie mehr Klarheit darüber gewinnen möchten, wie sie handeln möchten. Dem Fluß des Lebens folgen heißt, sowohl annehmen und akzeptieren als auch Einfluß nehmen.

Anleitung:
Stimm Dich ein mit Deinem Körper und mit Deinem Geist auf eine Zeit mit Dir – und überprüfe, ob alles so ist, wie es für Dich jetzt richtig ist – oder ob Du noch etwas verändern möchtest – und dann genieße für einen Moment die Stille – und daß Du einfach nur sein kannst. Du brauchst nichts zu tun, sondern kannst jetzt die Ruhe genießen. Und auch heute kannst Du Dich entscheiden, wie tief Du Dich einlassen möchtest – während Du mit Deiner Aufmerksamkeit zu Dir nach innen gehen kannst – kannst Du innerlich bei Dir sein und den Kontakt mit Dir genießen – und dabei wahrnehmen, auf welche Art Du heute in einen entspannten Zustand kommen möchtest. Vielleicht unterstützen Dich die Töne und die Klänge der Musik, die Melodie und der Rhythmus – vielleicht möchtest Du auch Deinen ganz eigenen Weg finden, um Wohlbefinden und Entspannung zu genießen. Vielleicht magst Du auch einfach Deinem inneren Rhythmus folgen – und währenddessen

neugierig sein und entdecken, welchem Prozeß Du innerlich folgst, um zu Entspannung und Ruhe zu gelangen, und was Dich alles unterstützen kann auf diesem Weg. Dabei öffne Dich für Dein inneres Erleben – Deine inneren Prozesse – vielleicht sind es Gedanken oder eine innere Erlaubnis, daß Du Dir innerlich sagen kannst: „Du kannst jetzt loslassen" – nach innen zu Dir – und Du alles spüren kannst, was Dir Deinen Weg erleichtert – Licht oder Farben – ein innerer Dialog, ein Wort oder ein Klang – oder Dein Rhythmus von Ein- und Ausatmen. – Und während Du die Ruhe und den Frieden spüren kannst – kannst Du entdecken, in welchem Bereich Deines Körpers es Dir jetzt bereits leichtfällt loszulassen – alles, was Du loslassen möchtest. Und mit dem Wissen, daß dieser große blaue Planet Dich trägt – sicher und fest – kannst Du das Gewicht Deines Körpers abgeben. Und mit einem sicheren Gefühl kannst Du loslassen und erleben, daß Du tiefer und tiefer entspannen kannst, in Deinem Tempo den Punkt in Dir erleben kannst, an dem Du spüren kannst, daß Du in Verbindung bist mit Deiner Mitte – daß Deine Energie fließen kann, gleichmäßig, regelmäßig. Und alles, was Du wahrnimmst in Dir, kann Dich darin unterstützen, dem zu folgen, was jetzt ist – annehmen und loslassen, und Du kannst dabei neugierig sein, wohin Dich Deine Achtsamkeit führt – und in welchen Bereichen Deines Körpers Du noch mehr von dieser Ruhe und dieser Entspannung spüren möchtest. Und dann finde für Dich heraus, wann Du den Moment entdeckst, an dem Du Deinen Körper ganz gelöst erleben kannst – und Du das Gefühl in Dir genießen kannst, mit Dir verbunden zu sein – auf eine friedvolle und liebevolle Art.

Und während dies wie von alleine weiter geschehen kann und darf – fühle Dich eingebettet in eine Atmosphäre, in der Dein Herz sich öffnen kann für Dich und für das, was Dich umgibt – und verbinde Dich mit dem Raum, in dem alles möglich ist – dem Feld der Möglichkeiten – dem Raum, in dem Kreativität und Intuition sich vereinen – wo das Wissen und die Erfahrungen sich verschmelzen. Und Du kannst neugierig sein, was passiert, wenn Du diesen Kontakt fühlen kannst – mit diesem Feld – dem Meer an Wissen – und dabei das Vertrauen und die Liebe Deine Begleiter sein können – und Du vertrauensvoll und voller Liebe den Prozessen des Lebens folgen kannst – dabei wahrnehmen und nachspüren kannst, wie sich die Dinge entfalten können – entfalten wollen – und in welchem Rhythmus Du dem Fluß folgen kannst und magst – dem Fluß des Lebens und dem Fluß Deiner Entwicklung. Und dann kannst Du Deine Phantasie einladen – dabei zu sein – Dich auf dieser Reise zu begleiten und neugierig zu entdecken, was passiert, wenn sich die Kraft Deiner persönlichen Evolution entfalten kann – wenn Du der Dynamik Deines Lebens Raum gibst. In welche Richtung gibt es Impulse? In welche Richtung gibst Du Impulse? Und mit welcher Kraft? Wohin möchte sich Deine Lebens-Energie entwickeln? Und worin möchte Dich das Feld der Möglichkeiten unterstützen und begleiten? Und wie könnte ein Leben aussehen, in dem Du vertrauensvoll den natürlichen Abläufen und der Evolution folgen kannst?

Wie groß kann dann der Anteil von Annehmen und Akzeptieren sein? Und das kann heißen: daß Du Dich innerlich anfreundest und bestimmte Themen begrüßt – das Geschenk entdecken kannst, das Deine Lebenssituationen in sich trägt – Inneres und Äußeres versöhnen – zuhören und wahrnehmen – es auch so annehmen können.

Und wie groß kann der Anteil von Initiieren und Verändern sein? Und das kann heißen: Daß Du aktiv nach vorne gehen kannst – den Schritt wagen – Du mutig sein kannst – klug und umsichtig – die Handlung genießen und Deine Möglichkeiten nutzten kannst, Einfluß zu nehmen.

Und dann verbinde Dich mit Deiner aktuellen Lebenssituation – und laß die Themen klarer werden, die Dich bewegen – In welchen Situationen ist in Deinem Leben welche Qualität hilfreich? Und dann lade Deine Vorstellungskraft ein, einen Film entstehen zu lassen, wie es ist, wenn Du beide Qualitäten zur Verfügung hast – und damit Deine Ressourcen aktiviert sein können – um Probleme zu lösen und Ziele zu erreichen – und Du kannst wählen – Du kannst entscheiden, wann es Zeit ist für Dich und andere, daß Du annehmen und akzeptieren kannst – und wann es Zeit ist für Dich und andere, daß Du verändern kannst und Du Einfluß nehmen kannst auf die Sachen, die in Deinem Handlungsbereich liegen. Und welche Energien und Kräfte möchtest Du einladen auf Deinem Weg – und mit welchen Qualitäten möchtest Du Deinen Weg am liebsten gehen und mit welchen Werten und welchen Überzeugungen?

Und zum Abschluß verbinde Dich mit beiden Qualitäten, stell Dir vor, wie es ist, daß Du wählen kannst – aktiv sein und passiv sein – nach vorne gehen und auch abwarten können – und all die leisen oder lauten Zwischentöne zwischen beiden Qualitäten – das Spektrum an Vielfarbigkeit, das zwischen beiden Punkten erscheint – die feinen Abstufungen, die eine Dosierung möglich machen. Und wenn Du magst, laß den Gedanken in Dir reifen, und wie es ist, wenn Du Dich öfter in Deinem Alltag an diese Qualitäten erinnern kannst, und dazu laß Dir zum Abschluß zwei Symbole schenken – eins für das Annehmen und Akzeptieren-Können – und eins für das Initiieren und Aktiv-Verändern. Und laß Dich überraschen, was Dir Dein Unbewußtes jetzt zuerst schenkt, um Dich an die Fähigkeit des Akzeptierens und des Annehmens zu erinnern ... ein Symbol, das Dich auch im Alltag unterstützen kann – eine Farbe oder ein Licht – ein Klang oder ein Wort – oder was es sonst sein kann – und laß Dir dann ein Symbol schenken für Initiieren und Aktiv-

Verändern – und sei neugierig, was es sein wird, das es Dir erleichtert, Dich im Alltag an diese Qualität, an diesen Kontakt, an diese Verbindung zu erinnern – und auch hier offen sein für die Geschenke Deines Unbewußten – Bilder, Farben oder Formen – Klänge, Geräusche oder Worte – oder was es bei Dir jetzt ist – so daß Du flexibel einen Weg finden kannst – angemessen für die Vielfalt des Lebens – und Du beide Tendenzen zur Verfügung hast. Und Du kannst wählen und entscheiden, welche Impulse Du wann einsetzen kannst und möchtest – und dadurch mehr von den einzelnen Qualitäten erlebbar machen kannst und vielleicht auch beginnen kannst, sie zu genießen.

Mit der Gewißheit, daß Du mit beiden Qualitäten ausgestattet bist, kannst Du dem Fluß des Lebens begegnen und neugierig sein auf die Richtung, in die er Dich trägt. Und dann verabschiede Dich innerlich und beginne, Dich wieder hierher zurückzulocken – in Deinem Tempo – die Reise zu beenden und den Weg zu gehen, den Du tagtäglich so häufig gehst von Deinem Traumbewußtsein zu Deinem Wachbewußtsein, und beginne damit, eine Berührung oder Bewegung entstehen zu lassen, die Dich wacher macht – und hierher zurücklockt. Vielleicht ist es ein Gedanke – vielleicht ist es auch ein tiefer Atemzug, der Dich ein kleines bißchen klarer, frischer und munterer werden läßt – jetzt – vielleicht auch ein Räkeln oder Strecken, wie nach einem langen erholsamen Schlaf. Und Du kannst die Bewegung der Lippen oder der Zunge nutzen, um Dich wacher werden zu lassen. Und wenn die Zeit so weit ist, kannst Du auch schon die Augen öffnen und neugierig sein, welches Licht Dich hier erwartet. Und dann komm in Deinem Tempo wieder hierher zurück.

Notizen:

Tetra-Lemma-Prozeß

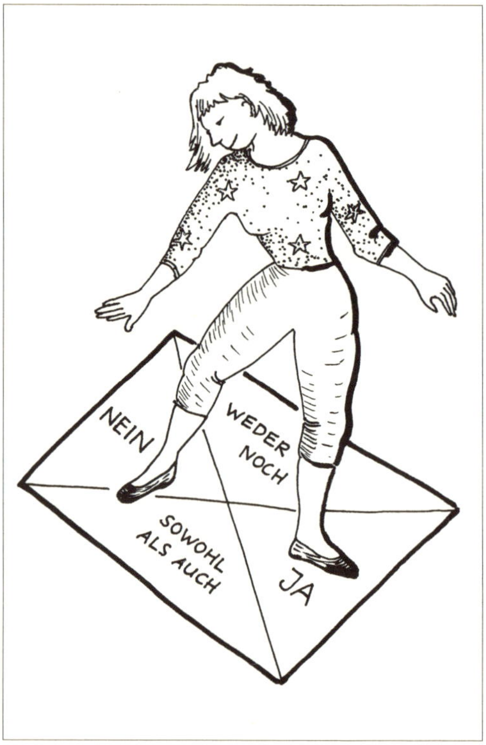

Ziel: Entscheidungen leicht und schnell treffen und mit der Entscheidung auch später glücklich sein.

Dauer: 15 Min.

Musik: Merlin's Magic: Healing Harmony

Anmerkungen: Das Tetra-Lemma ist eine Struktur aus der traditionellen indischen Logik und heißt, „Die vier Ecken" im Sinne von vier Positionen oder vier Standpunkten in der Rechtsprechung zu verwenden, um vier mögliche Standpunkte, die ein Richter in einem Streitfall haben kann, zu repräsentieren.

Besonderheiten: Die Phantasiereise findet im Sitzen statt.

Anleitung:
Bevor Du mit Deiner Aufmerksamkeit jetzt ganz nach innen gehen kannst, mach Dir noch einmal bewußt, wofür Du eine Entscheidung treffen möchtest. Was ist das Thema, um das es hier heute gehen wird? Erlaube Dir einen Augenblick, Deine Sinne zu schärfen für dieses Thema und es für Dich selbst noch einmal genau zu benennen. Mach es Dir dann ganz bequem auf Deinem Stuhl – in der Gewißheit, daß der Stuhl Dich tragen wird, so wie die Erde Dich trägt, jeden Tag, und nimm Dir die Zeit – und auch die Erlaubnis, dafür zu sorgen, daß Du alles hast, was Du im Moment brauchst, um einen Augenblick nach innen zu gehen mit Deiner Aufmerksamkeit, um einen Prozeß zu machen, der Dich darin unterstützen kann, eine Entscheidung zu treffen und diese Entscheidung so zu treffen, daß Du auch danach noch damit zufrieden bist.

Stell Dir vor, in bezug auf Dein Thema, könnte es eine Entscheidung geben, die Du das „Eine" nennst, und Du kannst Dir diese Vorstellung für das „Eine", das, was Du im Moment für eine richtige und wichtige Entscheidung halten kannst, in die rechte Hand geben. Dies steht für eine Position, für eine Möglichkeit, die Du wählen kannst – und erlaube Dir, in die linke Hand das „Andere" zu geben, den Gegenpol. Die Qualität, die das Gegenteil darstellt zu diesem Thema, und erlaube Dir nun, in Ruhe, die rechte Hand anzuschauen und das „Eine" wahrzunehmen. Was gehört dazu, wenn Du diese Entscheidung triffst? Nimm wahr, wie Du mit allen Sinnen erfahren kannst, was wichtig bei dieser Entscheidung ist, und wie fühlt es sich an, wenn Du diese Entscheidung so triffst? Erlaube Dir, einen Moment zu verweilen und zu schauen, welche Farbe dazugehört, welche Bilder – vielleicht ein Symbol, welche Töne und Klänge – vielleicht ein Wort. Was ist es, was Du Dir sagst, wenn Du diese Entscheidung triffst? Das „Eine". Und wie fühlt sich an, was daraus resultieren wird, wenn Du diese Entscheidung triffst?

Und dann erlaube Dir, in aller Ruhe, das „Andere" anzuschauen, in Deiner linken Hand zu schauen, welche Farbe hierhergehört, welches Symbol oder Bild, welches Wort oder welche Klänge und Töne, und wie es sich anfühlt, wenn Du das „Andere" wählst – wahrnehmen, was passiert – was daraus resultieren wird, wenn Du das „Andere" für dieses gewählte Thema machen wirst? Wahrnehmen, wie es sich anfühlt, das „Andere" zu wählen.

Und nun laß eine dritte Position entstehen in diesem Di-Lemma, die Du „Beides" nennen kannst. Wie ist es von dieser Position aus, was kannst Du von hier aus wahrnehmen, wenn Du „Beides" – als eine Wahl, als einen möglichen Standpunkt gelten lassen kannst? Wie fühlt sich das an, wenn Du sowohl das „Eine" als auch das „Andere" haben kannst? Wie kannst Du das vereinen, das „Eine" und das „Andere", welche Möglichkeiten gibt es, die Du bisher noch nicht gesehen hast? Welche Vorteile kannst Du aus „Beiden" mitbringen und zu einem „Neuen" vereinen? Nimm wahr, was dieser Zustand oder diese Position von „Beiden" für Dich bereithält, wenn Du sowohl das „Eine" als auch das „Andere" für Dich haben kannst? Auch hier wieder wahrnehmen, welche Farbe gehört dazu, zu „Beides", welche Form, Symbole oder Bilder, vielleicht ein Klang, ein Wort und eine ganz bestimmtes Gefühl, wie fühlt es sich an, wenn Du das vereinen kannst? Spüre für Dich, was es bedeutet, wenn Du „Beides" wählst?

Und dann erlaube Dir, eine vierte Position einzunehmen, die heißt: „Weder noch" oder „Keines von Beiden". Weder das „Eine", noch das „Andere". Du kannst hier diese Position in ruhiger Distanz von außen anschauen, Du kannst Dich ein wenig zurücklehnen und wahrnehmen, wie es ist, wenn Du „Keines von Beiden" wählen wirst. Was gehört für Dich dazu, weder das „Eine“ noch das „Andere“ zu nehmen? Vielleicht kannst Du von hier aus einen blinden Fleck entdecken, und vielleicht kann sich hier die Frage lösen, was richtig oder was falsch ist. Erlaube Dir wahrzunehmen, was dazugehört als Qualität, zu „Keines von Beiden“. Welche Farben, welches Licht, vielleicht ein Symbol, Bilder, ein Wort, Töne und Klänge, ein ganz bestimmtes Gefühl, das dazugehört, wenn Du weißt, daß Du diesen Standpunkt einnimmst, „Keines von Beiden“ zu wählen. Erlaube Dir, wahrzunehmen, was in Dir jetzt entstehen möchte – und was Du aus dieser Situation lernen kannst.

Und dann, nimm die fünfte Position ein, das ist die Position „All dies nicht und selbst das auch nicht“, das ist eine Position wie „Dich völlig lösen von all dem und eintauchen in die Essenz“. Dies ist wie „Dich lösen von all Deinen Vorstellungen von richtig und falsch“, von „sowohl als auch“ oder „weder noch“, ein Loslassen von allem Verhaftet-Sein in bezug auf dieses Thema. Nimm wahr, was jetzt ist, und nähere Dich der Essenz. Du kannst Dich hineinfallen lassen in dieses „Was ist jetzt?“ und es annehmen, ohne es zu verändern: Was ist darunter – dahinter – davor? Nimm wahr, daß alles in Bewegung und im Fluß ist und es keinen endgültigen Standpunkt gibt, die fünfte Position ist eine Nicht-Position. Erlaube Dir, einzutauchen in dieses Fließen und jeden Impuls, den Du wahrnimmst, kannst Du geschehen lassen und schauen, was ist darunter, dahinter oder davor. Vielleicht entsteht so etwas wie Humor, Mitgefühl, Einssein oder Liebe, und es ist nicht wichtig, was für andere entsteht, nimm wahr, was es für Dich ist. Vielleicht kannst Du einen kreativen Schritt tun oder einen Sprung wagen zu etwas Neuem.

Und mit diesem Wissen, das Du jetzt erlangt hast, wende Dich noch einmal Deinem Thema zu und nimm wahr, was Du aus dem Hier und Heute gelernt hast – was Du mitnehmen wirst, mitnehmen in Deinen Alltag.

Und nun komm mit Deiner Aufmerksamkeit hierher zurück in diesen Raum, mit allen Sinnen ganz hier ankommen und finde eine Geste, eine Berührung, eine Bewegung, die Dich wach macht, wacher und wacher. Vielleicht ein tiefer Atemzug oder ein Blinzeln, was Dich darin unterstützen kann, ganz hier zu sein, und dann reibe noch mal die Hände aneinander, um die Energie wieder ins Fließen zu bringen. Erlaube Dir mit jedem Einatmen, Lebenskraft einzuatmen und Dich anfüllen zu lassen.

Notizen:

Existentielle Werte

Ziel: Sich seiner wichtigsten, existentiellen Werte bewußt werden. Sensibler und bewußter werden mit der eigenen Wertestruktur

Dauer: 30 Min.

Musik: Weineck, Joe: Acoustic Landscapes

Anmerkungen: Wir alle haben unsere Werte spürbar in uns verankert. Sie sind in unserer Biografie entstanden. Wir müssen also keine neuen Werte entwickeln, sondern können uns zuerst über die vorhandenen inneren Regeln und Normen Klarheit verschaffen. Diese Werte sind im Alltag stark handlungsleitend. Wenn wir uns in einer Situation wiederfinden, in der diese Werte nicht oder nur teilweise gelebt werden können, dann werden wir aktiv werden und versuchen, diese Qualitäten mit einzubringen. Wenn dies über längere Zeit nicht möglich ist, gehen wir oder kündigen innerlich.

Anleitung:

Mach es Dir auf dem Boden ganz bequem, da, wo Du gerade bist – so bequem, wie es jetzt im Moment für Dich möglich ist – und so bequem, daß es Dich unterstützen wird, zur Ruhe zu kommen. Für manche ist es hilfreich zu wissen, daß ihr Handy ausgeschaltet ist – um diesen Zustand von Ruhe für einen Augenblick zu genießen.

Und Du weißt, was Dich darin unterstützen kann – jetzt all das zu tun – was es Dir ermöglichen wird, mehr und mehr nach innen zu finden – und wie immer in Deinem Leben hast Du die Wahl – die Wahl, ob Du Deinen eigenen Gedanken folgen möchtest – und auf Deine eigene Art zur Ruhe kommen – in diesen gelassenen, gelösten Zustand. Vielleicht, indem Du Dich erinnern wirst – an Momente in Deinem Leben, wo dies schon da war – Gelassenheit – Ruhe – mitten am Tag.

Und Du kannst wählen, ob Du Dich von meiner Stimme begleiten lassen möchtest und all den Assoziationen, die sie bei Dir weckt – begleiten an einen Ort der Ruhe in Dir – wo Raum ist für Dich – und für die Dinge, die Dir wichtig sind. Und wenn es für Dich stimmt, kannst Du Dich unterstützen lassen – von der Musik, von den Tönen und Klängen – von den Harmonien mitnehmen lassen – in einen Zustand von Gelassenheit – in dem Du Zugang hast zu Deinen wichtigsten Werten – zu dem, was für Dich das Wichtigste ist in Deinem Leben. Werte sind für uns Menschen die Möglichkeit, dem Leben einen Sinn zu verleihen. Sie sind die Antwort auf die Frage: Wofür lohnt es sich, morgens aufzustehen? Wofür lohnt es sich, Deine Energie einzusetzen? Mach es Dir so bequem, daß Du alles andere loslassen kannst – was Du jetzt loslassen möchtest – um ganz bei dem zu sein, was Dir wichtig ist. Und all die Töne und Klänge, die Geräusche hier im Raum – die Geräusche von draußen – meine Stimme – und die Musik können Dich darin unterstützen – nach innen zu lauschen – auf eine innere Stimme – auf eine innere Stille.

Und indem Du nach innen lauschen kannst – kannst Du mehr und mehr zur Ruhe kommen – mehr und mehr mit Deiner Aufmerksamkeit bei Dir sein – und tiefer und tiefer loslassen. Vielleicht hört es sich so an, als ob alles ein ganz klein wenig leiser wird – oder ein wenig mehr von Dir abrückt. Und alles, was Du wahrnimmst, kann Dich darin unterstützen, in diesen Zustand zu gelangen. Und während Du noch lauschst – was es zu hören gibt – können die Farben und Muster hinter Deinen geschlossenen Augenlidern Dich darin unterstützen, nach innen zu schauen auf Deine inneren Bilder – auf ein inneres Licht. Und vielleicht kannst Du wahrnehmen, welche Farben und welche Bilder Dich darin unterstützen – ganz bei Dir zu sein – so daß Du mehr und mehr nach innen finden kannst – mit Deiner Aufmerksamkeit – was Dich darin unterstützen kann, daß Du Dich Dir zuwenden kannst.

Und während Du nach innen lauschen – und nach innen schauen – kannst Du Deinen eigenen Rhythmus wahrnehmen – Deinen Atemrhythmus – Dein ganz persönliches Ein- und Ausatmen – wahrnehmen, wo Du Deine Atempause machst – wo Du innehalten und zur Ruhe kommen kannst – und Deinem Körper erlauben kannst zu regenerieren. Und die Energie zu sammeln für die Zeit, die vor Dir liegt. Und mit jedem Ausatmen kannst Du ein wenig mehr loslassen – tiefer – und tiefer entspannen. Tiefer – und tiefer – und tiefer loslassen – genau so tief, wie es heute für Dich stimmt. Genau so tief – wie es heute für Dich richtig ist, um in Kontakt zu sein mit Deinen wichtigsten existentiellen Werten – mit dem, was Dich bewegt – was Dich berührt. Und während Du mit jedem Atemzug mehr und mehr loslassen kannst – mehr und mehr zur Ruhe kommen kannst – kann Dein Geist hellwach sein – und mitkommen an einen Ort in der Natur – wo Du schon Ruhe und Frieden erlebt hast – an einem Ort, wo Du nichts zu tun brauchst – sondern nur sein. Erinnere Dich an einen Ort – an dem Du Ruhe und Frieden erleben kannst. Und erlaube Dir, in Gedanken ganz an diesem Ort zu sein – mit all Deinen Sinnen. Hier sein – mit all den Farben – und dem Licht – an diesem Ort der Ruhe in der Natur – die Formen wahrnehmen – und den Ausblick – und all das, was Dich hier darin unterstützen kann, ganz bei Dir zu sein. Wie ist der Himmel über Dir? Und der Boden unter Dir? Der Boden, der Dich trägt – die Erde, die Dich trägt jeden Tag – auch heute – hier – jetzt – und während Du noch schauen kannst, was alles für Dich wichtig ist – hier an diesem Ort der Ruhe – kannst Du schon lauschen auf die Klänge und Töne – die Geräusche hier – die ganz besonders sind an diesem Ort – lauschen auf die Botschaft an diesem Ort – lauschen auf die Stille – mit ihrer ganz speziellen Qualität – und vielleicht ist Stille in Dir.

Und Du weißt, was Dich hier berührt – was Dich hier bewegt. Du kennst dieses ganz bestimmte Gefühl, was zu diesem Ort gehört. Und vielleicht gibt es hier einen ganz bestimmten Duft – einen ganz bestimmten Geschmack –, der dieses Gefühl hier intensiver werden läßt. Und während dieser ganze Ort mit seiner Atmosphäre auf Dich wirken kann – und Du mehr und mehr Dich einlassen kannst – auf das, was hier ist – kannst Du Dir einen Platz wählen zum Tagträumen – einen Platz, wo du noch mal loslassen kannst – was Du jetzt noch loslassen möchtest – einen Platz zum Tagträumen – an dem die Gedanken kommen – und wieder gehen dürfen – wo Erinnerungen kommen – und wieder gehen dürfen, wo Du einen Moment Muße haben kannst für das, was wirklich wichtig ist in Deinem Leben.

Und dann erinnere Dich an eine Arbeitssituation, die Dir richtig Freude gemacht hat – wo Du dachtest „Ja, so müßte es immer sein" – eine Situation, wo alles so war, wie es für Dich richtig ist – wie es für Dich stimmt. Erinnere Dich mit allem, was dazugehört – mit Licht und Farben – mit Tönen und Klängen – vielleicht Lachen – und diesem ganz bestimmten Gefühl, was da war. Und was genau war „da"? Was genau ist das Wichtige – was in so einem Augenblick da ist? Was ist ganz selbstverständlich mit dabei? Erinnere Dich, und wenn Du es in einem Wort für Dich zusammenfassen solltest, welche Qualität war in dem Augenblick da? Und was war noch wichtig? Und erlaube Dir, einen Augenblick zu genießen – Dich zu erinnern – ein Wort zu finden – für das, was Du in dieser Situation erlebst.

Und erinnere Dich an eine Situation, wo Du eine Arbeitsstelle freiwillig verlassen hast – weil es nicht so war, wie es für Dich stimmt. Erinnere Dich: Was hat gefehlt? Was war nicht da? Und nimm auch hier wahr, wenn Du das in ein oder zwei Worte fassen solltest – was hat gefehlt? Was hat Dich veranlaßt, zu gehen?

Und dann lasse auch diesen Gedanken los – laß ihn vorbeiziehen – weiterziehen – nimm einen tiefen Atemzug – und genieß für einen Augenblick die Atmosphäre an Deinem Ort der Ruhe – schau noch mal, was an diesem Ort in der Natur für Dich gut ist – was Dir Freude macht – was Dich darin unterstützt, daß Du sein kannst – einfach nur „Du“ sein.

Und lausche noch einmal einen Augenblick dieser Stille – und erinnere Dich an eine Partnerschaft, die Du verlassen hast – freiwillig beendet hast – weil sie nicht Deinen Vorstellungen – oder Deinen Wünschen entsprochen hat. Und was hat da gefehlt? Was war nicht da? Was hast du vermißt? – Und wenn Du es in ein oder zwei Worte fassen solltest – was ist das, was gefehlt hat?

Und mit dem Wissen, daß Du auch dies längst schon hinter Dir gelassen hast, kannst Du es auch jetzt wieder loslassen – vorbeiziehen lassen – einen tiefen Atemzug nehmen und weiter tagträumen – und Dich freuen, daß es Momente in Deinem Leben gegeben hat, wo Beziehung schon genauso war, wie Du es Dir vorgestellt hast – und erinnere Dich mit all Deinen Sinnen – an Augenblicke des Glücks – wo es genau so war, wie Du es Dir wünschst – so intensiv – erinnere Dich an Augenblicke, wo Partnerschaft für Dich genau so war, wie Du denkst, daß Partnerschaft sein soll. Und was war in diesen Momenten da? Welche Qualität ist in diesen Augenblicken ganz selbstverständlich? Welche Gefühle sind ein Teil dessen? Finde Worte dafür – Worte, die dafür stehen, für dieses Gefühl – für diese Qualität – für diesen inneren Zustand – für dieses Sein – und was ist das wirklich Gute daran?

Und mit dem Wissen, daß Du jederzeit solche Momente mit anderen zusammen kreieren kannst – immer wieder – öfter und intensiver – wende Dich nun den Freundschaften in Deinem Leben zu – und erinnere Dich an eine Freundschaft, die Du hast einschlafen lassen – und die Du freiwillig verlassen hast. Und was hat hier gefehlt – was war nicht da? Welche Qualität gab es hier nicht?

Und mit dem Wissen, daß Du jederzeit loslassen kannst, was Du loslassen möchtest – laß auch dies wieder los – und laß die Gedanken weiter vorbeiziehen – weiter fließen – erlaube Dir, einen Moment Dich zurückzulehnen – und wieder kannst Du – einen Atemzug nehmen – der Dich darin unterstützen kann, diesen Ort zu genießen – einen Augenblick schauen – und lauschen – und spüren, daß Du an diesem Ort in der Natur Zeit hast – und Muße zum Tagträumen – und Dich erinnern an Freundschaft – wie sie sein soll – so wie es für Dich stimmt. Erinnere Dich an Momente der tiefen Freundschaft – an Qualität – und genau das, was in diesen Augenblicken da ist. Was ist es genau, was diese Qualität ausmacht? Erinnere Dich mit all Deinen Sinnen – schauen – und lauschen – und spüren – riechen – und schmecken – was ist das Wichtige, so daß Du weißt: „Ja, so stimmt es!“

Und dann laß auch dies wieder gehen – laß die Gedanken weiterziehen – und weiterfließen – wie beim Tagträumen – kommen – und wieder gehen – und erinnere Dich an eine Zeit, in der Du Dich mit Dir selbst ganz wohlgefühlt hast. Einfach nur mit Dir sein – und Dich wohl fühlen. Was ist dann da? Was genau ist die Qualität in Dir? Was ist das für ein Gefühl? Und was macht das ganz Besondere aus – wenn Du Dich mit Dir wohlfühlst? Und erlaube Dir, einen Moment zu genießen, wie das für Dich ist – nur mit Dir alleine – Dich ganz wohlfühlen. Und während Du das noch genießen kannst – kann Dir schon eine Idee kommen, wofür es sich lohnt, morgens aufzustehen. Was ist das ganz Wichtige in Deinem Leben? Wofür lohnt es sich, Deine Energie einzusetzen? Wofür stehst Du auf?

Und erlaube Dir, noch einen Moment zu genießen, daß Du weißt, was es für Dich ist – wofür Du glaubst, daß es sich lohnt, all Deine Energie zu mobilisieren.

Und mit dem Wissen, daß Du jederzeit immer wieder Kontakt haben kannst zu diesem inneren Wissen – zu Deiner inneren Weisheit – mit diesem Wissen, verabschiede Dich von diesem Ort der Ruhe – indem Du noch mal schauen kannst, was hier gut für Dich ist – und noch mal lauschen kannst – auf die Botschaft, die Du hier hören kannst – und spüren kannst – wie es sich anfühlt, einfach nur zu sein. Einen Ort zu haben – an dem Du sein kannst – genau so. Und Du weißt, daß Du diesen Ort immer mitnehmen kannst – wo immer Du hingehst – daß dieser Ort Raum in Dir hat – und Du ihn mitnehmen kannst, in jede Situation, wo Du ihn gut gebrauchen kannst.

Verabschiede Dich auf Deine Art von diesem Ort der Ruhe und Kraft – und bringe das Gefühl mit hierher – das Wissen – und das Gefühl, was für Dich wichtig ist. Indem Du mit all Deinen Sinnen wieder hierher zurückfindest in diesen Raum – hierher zurückfindest in diese Zeit – diesen Weg von innen nach außen gehen kannst, den Du gut kennst – vielleicht auch jetzt wieder Deinen Atem als Unterstützung nehmen kannst – um ganz hier anzukommen – bei jedem Einatmen ein wenig wacher werden – ein wenig frischer – ein wenig mehr hier sein – vielleicht möchten Deine Augen blinzeln – um zu schauen, wie das Licht hier ist – und Deine Ohren nehmen die anderen Geräusche wahr – die jetzt wieder näher rücken – und Du weißt, was Dich daran unterstützen kann, um wach zu werden – Du weißt, daß Du noch nicht gleich hellwach sein mußt – vielleicht gibt es eine Bewegung – eine Berührung – die Dich frischer macht – und die Dich hierher orientiert – vielleicht ein Räkeln und Recken – wie eine Katze nach einem Schlaf in der Sonne sich räkeln und recken kann – genüßlich – sich ganz lang machen – und die Hände und Füße aneinander reiben – um die Hände wieder wach zu machen – und die Energie wieder wach zu machen – die Knie umfassen und den Rücken ein wenig massieren – auf- und ab schaukeln – und in die sitzende Position kommen.

Notizen:

Innere Balance leben

Ziel: Lebensbereiche in Balance bringen, innere Ausgeglichenheit, Lebenskonzept reflektieren

Dauer: 20 Min.

Musik: Deuter, C.G.: Earth Blue

Anmerkungen: „Life-Balance" – ein seit einigen Jahren genutzter Begriff, der den Balance-Akt kennzeichnet, das Private und Berufliche im Leben in ein zufriedenstellendes Verhältnis zueinander zu stellen. Lebt man, um zu arbeiten, oder arbeitet man, um zu leben? Bei dem Versuch, beide Bereiche in ein harmonisches Verhältnis zueinander zu bringen, kann man den Fokus auf die Quantität richten, den jeder Bereich im Alltag einnehmen sollte – und auch auf die Qualität. Wer berufstätig ist, kann sich oft die Zeit nicht wirklich aussuchen, zu der er arbeiten möchte – somit sind die zeitlichen Rahmenbedingungen vorgegeben. Wie man Arbeits- und Freizeit erlebt und ausfüllt, darauf hat man einen Einfluß. Das Gefühl von Balance ist etwas Individuelles und richtet sich aus nach Lebenszielen, Werten und sozialem und kulturellem Kontext. Es bedarf einer Auseinandersetzung mit dem eigenen Lebenskonzept, um die Frage persönlich zufriedenstellend zu beantworten, um nicht fremd vorgegebenen Vorstellungen von Balance nachzueifern oder nachzutrauern. Die Phantasiereise möchte einladen, die wichtigsten Lebensbereiche (1. Arbeit, Karriere, berufliche Entwicklung; 2. Beziehungen, Familie, Freunde; 3. Gesundheit, persönliche und spirituelle Entwicklung) zu reflektieren und das Unbewußte einzuladen, eine Vorstellung entstehen zu lassen, wie Balance aktuell aussehen kann, damit innere Zufriedenheit mehr werden kann.

Anleitung:

Diese Phantasiereise kann Dich darin unterstützen herauszufinden, was Du mit dem Begriff „Balance" verbindest und wann Du weißt, daß Du in Balance bist. Welche Lebensbereiche wollen in welchem Verhältnis zueinander stehen? Welche Zeit braucht jeder Bereich, um gelebt und genossen zu werden? Du kannst die kommende Zeit nutzen, um Antworten entstehen zu lassen.

Und dann mach es Dir jetzt bequem an dem Ort, an dem Du gerade bist – und entspanne Dich – während Dein Körper die Position finden kann, die er benötigt, um Entspannung und Ruhe genießen zu können, kannst Du Dich innerlich einstimmen auf ein Rendezvous mit Dir selbst, eine innere Arbeit – ein inneres „Dich-Kennenlernen" und „Dich-Einladen" in einer freundschaftlichen und freundlichen Atmosphäre mit Dir zu einer ehrlichen und liebevollen Kommunikation mit Dir selbst. Und dann beginne damit, zu spüren, wie sich Dein Körper anfühlt und was jetzt alles spürbar und erlebbar für Dich ist - und was von dem, was Du jetzt spürst, kann es Dir erleichtern, entspannter und ruhiger zu sein und Dich zu öffnen für Deine Qualitäten - und alles, was jetzt den Fokus Deiner Aufmerksamkeit erreicht, kann Dich darin unterstützen, die Reise zu Dir zu genießen.

Und in Deinem Tempo Raum und Zeit in Dir schaffen und Dir die Erlaubnis geben, loszulassen vom Alltagsgeschehen und mehr und mehr an innerer Achtsamkeit entstehen zu lassen – und während Du mit jedem Ausatmen tiefer entspannst, kannst Du in Deinem Rhythmus spüren, wie Dein Körper entspannter werden kann. Und das bedeutet, daß Deine Muskulatur ganz gelöst ist, Deine Haut ist weich – Deine Energie strömt und fließt gleichmäßig und angenehm durch Deinen gesamten Körper. Und Du fühlst diese angenehme Schwere und gleichzeitig dieses Gefühl von Leichtigkeit und Loslassen – und während dies Dein Körper geschehen lassen kann, kannst Du mit liebevoller Achtsamkeit erforschen, wo genau in Dir jetzt der Bereich ist, in dem Du Dich in Balance erlebst, in Deiner Mitte, ausgeglichen, ausgerichtet – und spüre einen Moment dieser inneren Qualität nach und nimm wahr, wo es jetzt am intensivsten spürbar ist – den Bereich in Dir, der oben und unten verbindet – rechts und links ausgleicht – Deine Mitte – wo Dein Zentrum ist.

Und dann folge diesem Gefühl von Balance und Ausgeglichenheit und laß es sich ausbreiten, gleichmäßig, angenehm und regelmäßig jede Zelle Deines Körpers erfassen – und Du kannst spüren, daß Balance eine Erfahrung ist, die nicht nur Dich in Deinem Körper ausrichtet und koordiniert, sondern Dein gesamtes Wesen zwischen Himmel und Erde einen Platz finden läßt – und wie es ist eingebettet zu sein – eingebunden – und den Boden unter Dir spüren, zum Himmel hin offen sein, verbunden mit dem Meer an Inspirationen.

Und während Du diesen Zustand genießen kannst, lade Deine Phantasie ein, Deine ganz persönliche Lebenswaage entstehen zu lassen, laß Dich überraschen, welches Geschenk Dir Dein Unbewußtes und Deine Phantasie jetzt machen, vielleicht ist es eine historische Waage, vielleicht auch etwas Modernes und Neuzeitliches, vielleicht erinnert es Dich an eine Brief- oder Kornwaage, vielleicht ist es eine Handwaage aus einem fernen Land oder aus einem ganz besonderen Material – und gib Dir Erlaubnis, es klarer werden zu lassen, Deine persönliche Lebenswaage entstehen zu lassen mit all dem, was jetzt dazugehört – aus diesem ganz besonderen Material, das es in dieser Kombination zu Deiner ganz eigenen Waage werden läßt.

Und mache Dich vertraut mit Deiner Waage, Deinem Symbol des Ausgeglichenseins und ergründe mit all Deinen Sinnen die Funktionsweise – schau sie genau an – die Farben, die Umrisse und wie genau sie Dir die Balance unterschiedlicher Gewichtungen anzeigen kann. Und dann lege Dir auf Deine Art Deine drei großen Lebensbereiche bereit – Arbeit und Karriere – Beziehung und Familie – Gesundheit und persönliche Entwicklung – und Du kannst erkunden, neugierig entdecken, wieviel Gewicht Du den einzelnen Bereichen in Deinem Leben gibst, und wann Du für Dich weißt, daß Du in Balance lebst – wieviel Zeit und welche Intensität gibst Du in welcher Gewichtung den einzelnen Lebensbereichen, damit Du ein glückliches und ausgeglichenes Leben lebst?

Und dann spüre in Dich hinein, welche Bedeutung die einzelnen Lebensbereiche für ein ausbalanciertes Leben für Dich haben. Welche Bereiche sind größer, welche sind kleiner? Welchem Bereich in Deinem Leben schenkst Du mehr Aufmerksamkeit – Zeit und Energie, und bei welchen Bereichen ist es auch in Ordnung, daß Du ihnen weniger Aufmerksamkeit, Zeit und Energie gibst?

Und dann beginne, Deine Lebensbereiche so zu gewichten, daß Du auf eine ehrliche und aktuelle Art spüren kannst, wie groß jeder Lebensbereich in Deinem Leben sein soll, über welchen Zeitraum Du welche Qualitäten erleben möchtest – und beginne, Deine Lebensbereiche zu gewichten – jedes Thema auf die Waage legen und überprüfen: „Was ist Dir wichtig?“

Wie gewichtest Du den Bereich Familie und Freundschaft – die Qualität Deiner Beziehungen – Kommunikation mit Deinen Dir eng vertrauten Menschen? Wie oft und wie regelmäßig möchtest Du in Deinem Leben Zeit investieren für Kommunikation, Liebe, Berührungen und Austausch, Nähe, Zärtlichkeit, Verbindung zu den Menschen, die Du liebst? Und spüre für einen Moment nach, welche Gewichtung Du diesem Bereich in Deinem Leben gibst und laß eine Vorstellung kommen, wie diese Gewichtung Raum finden kann in Deinem Leben, Zeit, um Wirklichkeit zu werden.

Und dann beginne damit, den Bereich Arbeit und Karriere zu gewichten – Kreativität im Berufsbereich – Deine Freude an der Arbeit – an dem, wo Du etwas beiträgst, etwas schaffst – und dabei die finanziellen Grundlagen schaffst für Wohlbefinden, Wohlstand, Lebensqualität – wo Du Dich durch Deine Arbeit selbst verwirklichen kannst – den Kontakt zu Kollegen, Vorgesetzten, Mitarbeitern positiv gestalten kannst. – Und auch hier spüren, welche Gewichtung möchtest Du diesem Bereich in Deinem Leben geben, welche innere Gewichtung? Und vielleicht hast Du schon eine Idee, wieviel Zeit und Raum Du diesem Bereich in Zukunft geben kannst, um für Dich das Gefühl zu haben, ein lebenswertes Leben zu leben.

Und während Du dies noch nachwirken lassen kannst, gewichte jetzt den Lebensbereich, in dem es um Dich geht – „Ich“ und Selbstverwirklichung – persönliches Lernen, Gesundheit und Wohlbefinden – Beweglichkeit und Bewegung – Deine Hobbys, spirituelle Entwicklung, den Kontakt mit Dir selbst, mit Deinem Selbstwert, mit Deinem Selbstbild. Wieviel Zeit und Raum gibst Du diesem Bereich in Deinem Leben – wieviel Gewicht gibst Du dem Thema Selbst – Dir selbst, Deinem Selbst – und laß Ideen entstehen, auf welche Art Du diese Gewichtung auch Wirklichkeit werden lassen kannst. In welchem Abstand, in welcher Intensität, in welchen Zeiträumen kann diese Qualität Wirklichkeit werden?

Und dann laß zum Abschluß alle drei Lebensbereiche in einem Gesamtbild erscheinen, laß es klarer werden – wie diese drei Lebensbereiche miteinander in Balance sein können. Und es muß nicht unbedingt gleich groß sein, sondern finde Deine innere Balance, und laß es deutlicher werden – und lausche Deiner inneren Stimme – wie kommentierst Du diesen Lebensentwurf, Dein Lebenskonzept – und wie fühlt es sich an, ein Leben mit dieser Gewichtung zu leben? – Und was bist Du bereit, dafür zu tun? – Und laß Ideen entstehen, auf welche Weise Du Deiner inneren Balance folgen kannst, wieviel Zeit Du investieren möchtest – täglich, wöchentlich, monatlich oder jährlich für ein zufriedenes und glückliches Leben – ein bereicherndes Leben für Dich und für die Menschen, mit denen Du zusammen bist. Und dann gib Dir einen Moment Zeit, dieser Vorstellung mit all Deinen Sinnen zu folgen.

Und mit der Gewißheit, daß Du den nächsten Schritt tun kannst – Dich entscheiden kannst – in welcher Qualität Du diese unterschiedlichen Lebensbereiche erleben und genießen möchtest – beginne, Dich jetzt zurückzulocken – indem Du Dich verabschiedest von Deiner persönlichen Lebens-Waage – Dich bedankst bei Deiner Phantasie und Deinem Unbewußten – und in Deinem Tempo zurückkommst – hierher in diesen Raum – die Reise beendest – zurückkommst in Deinen Körper – mit Deiner Aufmerksamkeit wieder bist in diesem Raum – und spüren kannst, wie Du den Boden berührst und Zeuge Deiner Atmung sein kannst – und spüren, welche Stellen in Kontakt sind mit der Erde – und wahrnehmen, welcher Impuls als erster da ist, um Dich wach zu machen und zurückzulocken – vielleicht eine Bewegung oder Berührung – vielleicht auch ein tiefer Atemzug voller Frische und Energie. Und dann laß dieses Gefühl von Vitalität, Frische und Wachheit stärker werden – mit jedem Einatmen sich in Deinem Körper ausbreiten und vielleicht schon so ein Kribbeln entstehen lassen, was Dich neugierig macht auf die Sachen, die Dir der Tag heute noch bringt.

Notizen:

Erlaubnis geben

Ziel: Achtsamkeit für wertschätzende innere Dialoge, Freiheit und Eigenverantwortung

Dauer: 25 Min.

Musik: Oreade's Diamonds Collection

Anmerkung: Im Alltag benutzen wir sehr häufig Formulierungen, in denen die Worte „muß" oder „sollte" vorkommen. Einige Dinge im Leben müssen oder sollten wir auch wirklich tun. Viele dieser „MÜSSEN & SOLLTEN" sind jedoch unreflektiert und präsentieren nur unsere inneren Beschränkungen und Regeln, die uns enger werden lassen. Vor einigen Jahren, als wir uns mit dem Phänomen beschäftigt haben, daß Sprache Wirklichkeit erschafft, sind wir aufmerksam geworden auf Worte und Formulierungen und haben uns gefragt, wie es wäre, wenn man die Anzahl der „muß" und „sollte" in seiner Alltagssprache reduzieren würde und die Anzahl der „kann" und „darf" erhöhen würde. Aus dieser Fragestellung heraus ist ein Achtsamkeitsexperiment geworden, das sich auch auf den Freundeskreis ausgebreitet hat und das dazu führte, daß Sprache bewußter eingesetzt wurde. Die Begriffe „muß" und „sollte" wurden hinterfragt und ausgetauscht in „kann" und „darf". Ein spannendes Resultat, das dabei zutage trat, war, daß es die Eigenverantwortung betonte und die eigene Entscheidung deutlich macht, die hinter Handlungen im Alltag liegen. Wer sagt, daß wir „müssen", wer bestimmt, daß wir „sollten"? Wer ist es, der diese Regeln auferlegt und für die Einhaltung so rigoros sorgt? Im inneren Dialog – in der Kommunikation mit sich selber – geben die Begriffe „kann" und „darf" eine größere Erlaubnis, mehr Spielraum für Handlungsmöglichkeiten und mehr Lust und Freude am eigenen Tun. So wird aus z.B. „Ich muß den Schreibtisch aufräumen" die innere Formulierung: „Ich kann den Schreibtisch aufräumen" oder „Ich sollte mal wieder etwas für meine Gesundheit tun" hin zu: „Ich darf etwas für meine Gesundheit tun". Dieses Experiment kann Türen öffnen für neue Verhaltensweisen, Raum schaffen für lustvolles Leben und an die Freiwilligkeit des eigenen Tuns erinnern – nicht für jede Lebenssituation, vielleicht jedoch immer öfter! Eigenverantwortung nicht als Schuldgefühl, sondern als Chance, Einfluß zu nehmen. Das jetzige Leben ist auch ein Ergebnis der Entscheidungen, die Du in Deiner Vergangenheit getroffen hast, und Dein zukünftiges Leben wird ein Leben sein aufgrund der Entscheidung, die Du heute treffen wirst.

Menschen, die ein „muß" oder „sollte" als einen wichtigen Treiber in ihrem Leben sehen, können überprüfen, ob und wann sie diese Motivatoren natürlich auch weiterhin einsetzen. Es geht nicht um „entweder oder", sondern um „sowohl als auch". Wenn man beides kann, hat man Wahlmöglichkeiten.

Du mußt diese Phantasiereise nicht machen – Du kannst und darfst sie genießen ...

Anleitung:
Und dann mach es Dir wieder ganz bequem und achte darauf, daß Du genügend Zeit hast und einen bequemen Ort, an dem Du Dich entspannen kannst – damit Du Dich einladen kannst auf eine Reise zu Deiner Kreativität – zu Deinem Potential und Deinen Möglichkeiten. Genieße den Moment, jetzt nichts zu tun – keine Handlungen – keine Aktivitäten, die nach außen gerichtet sind – sondern daß Du Deinen Körper spüren kannst, wie Du auf dem Boden liegst, und was Du noch verändern kannst, um Dich mit Dir wohlzufühlen und Dich einzulassen auf eine Begegnung mit Dir – und was Dir heute wichtig ist. Und Du kannst wie immer wählen, wie tief Du Dich auf die Phantasiereise einläßt und was von den Themen, die angesprochen werden, für Dich heute richtig und wichtig ist – und dann spüre Deinen Körper und Deine Verbindung zur Erde und was Du loslassen kannst, abgeben – und Dir vorstellen, daß Du mit jedem Ausatmen ein klein bißchen leichter werden kannst – weiter – und in Dir ein Zustand von Gelassenheit und Ruhe sich ausbreiten kann mit jedem Ausatmen – mehr und mehr loslassen – und Deinem Körper und Deinem Geist Ruhe gönnen – Raum und Zeit –, um Gelassenheit und Ruhe einzuladen.

Und mit dem Wissen, daß sich Dein Körper jetzt mehr und mehr entspannen kann – wie von alleine –, kannst Du in Deiner Phantasie an einen Ort in der Natur gehen, an dem sich Freiheit und Offenheit vereinen. Einen Ort, der Weite darstellt und an dem die Natur die Unendlichkeit und einen Raum der Vielfalt für Dich erlebbar macht – und dann nimm Dir die Zeit, diesen Ort zu erkunden – neugierig entdecken, welche Farben und Formen präsent sind – welche ganz speziellen Qualitäten Deinen Ort ausmachen. Was von dem, was Du sehen kannst, unterstützt dieses Gefühl von Freiheit und Offenheit, und welche Klänge oder Geräusche, Melodien oder inneren Dialoge können Deine Verbindung zu diesem Ort intensiver machen – und je mehr Du Dich den Qualitäten Deines Ortes öffnest, um so leichter fällt es Dir, in Verbindung zu sein, mit diesem Wunder der Evolution – und während Du Dich in eine Atmosphäre von Weite eingehüllt erleben **kannst** Du Vertrautes und Bekanntes und Neues und Inspirierendes entdecken und annehmen. Und dann finde einen Platz an Deinem Ort, an dem Du besonders intensiv genießen kannst – die Faszination und Schönheit, und daß Du spüren kannst – in Kontakt sein kannst mit der Fülle des Lebens und dem Reichtum allen Seins – und aus diesem Gefühl der Verbundenheit heraus lade Deine Phantasie ein, eine Vorstellung davon entstehen zu lassen, wie ein Leben in Freiheit und Freiwilligkeit entsteht. Sei neugierig, zu entdecken, wie Du ein Leben lebst mit der tiefen Überzeugung, daß Du es verdient hast, ein lebenswertes Leben zu leben – daß es Dir zusteht und Du spüren kannst – und Du Dir die Erlaubnis geben kannst – jetzt den Empfindungen von „Du darfst" nachzuspüren. Wie fühlt es sich an, wenn Du zu Dir selbst in den unterschiedlichsten Lebensbereichen sagen kannst: „Du darfst!" Und dann spüre die Kraft, die in diesen Worten liegt und auf welche Art Du sie sagen magst – in welcher Tonlage – in welcher Lautstärke – so daß sie für Dich angenehm sind – und nimm wahr, welches unterstützende, positive Potential für Dich und für alle anderen dadurch mehr werden kann – und auf welche kreative Art Du Dich verbunden fühlen kannst mit Deinem Potential und dem Potential anderer Menschen. Vielleicht hast Du schon eine Idee davon, in welchen Bereichen Du die selbst auferlegten Beschränkungen loslassen möchtest – und Du anfangen möchtest, Räume zu schaffen, um neue Wege zu gehen und Handlungen umzusetzen – Dir die Erlaubnis geben, ein lebenswertes Leben für Dich und die Welt zu kreieren – und es darf klarer werden, wie Dein Leben aussehen kann, wenn Du ganz selbstverständlich Deine Handlungen im Alltag mit den Worten „Du kannst" kommentierst statt mit „Du mußt". Welche Konsequenzen hat es auf die Routinetätigkeiten – die ungeliebten Aufgaben, die Handlungen, bei denen Du das Gefühl hast, nicht selbstbestimmt zu sein – und laß Situationen klarer werden, in denen Du öfter in Deinem Leben sagen möchtest: „Du kannst und Du darfst", und Situationen in denen Du weniger sagen möchtest „ich muß oder ich sollte". Was passiert, wenn die Kraft der Selbstbestimmung Dich durchfluten kann – und Du die Verantwortung für Dich und Dein Leben in jeder Zelle Deines Körpers erleben kannst – in jedem Augenblick Deines Lebens spüren kannst – wie Du in jedem Moment Entscheidungen aus Deinem besten Wissen und Gewissen und dem zur Verfügung stehenden Potential treffen kannst – Du genießen kannst, daß Eigenverantwortung auch eine Chance, eine Kraft in sich birgt, die Regie in Deinem Leben zu übernehmen – zur Stärkung Deines Seins – zu den Möglichkeiten, eine bessere Welt zu kreieren –

Dich zu beteiligen an einer Welt, der Menschen gerne zugehören wollen, in der lebenswerte Werte gelebt und die Lebensqualität aller erhöht werden kann, und dann beginne, Dich einzustimmen und Deine inneren Anteile einzuladen auf eine Zeit, in der Du experimentieren kannst, wie es ist, wenn Du Deinen Alltag mit „Du kannst" und „Du darfst" füllen wirst und lade alle Deine Sinne ein, diese Erfahrung für Dich präsenter werden zu lassen, nimm wahr, welche neue Sichtweise sich Dir öffnet, auf eine vertraute Art unbekannt – und indem Du Dich auf diese Welt einlassen kannst, entdeckst Du Dich selbst und Deine Freiräume neu und nimmst wahr, wie es ist, in einem Meer an Möglichkeiten eingetaucht zu sein.

Und mit dieser Erfahrung verabschiede Dich von Deinen inneren Vorstellungen und Bildern – und nimm das Schöne und Bereichernde mit – was Du entdeckt hast an Deinem Ort, und nimm mit, was Du jeden Tag ein bißchen mehr in Dein Bewußtsein tragen möchtest – und mit dem Wissen, daß Du jeden Tag die „Du kannst" und „Du darfst" in Deinem Leben mehr werden lassen kannst – komm hierher zurück, mit Deiner gesamten Aufmerksamkeit – hierher in diesen Raum – und nimm wahr, wie Du in Kontakt bist mit dem Boden – wie Du da liegst – und was Du hier im Raum hören kannst – welcher Gedanke Dich wacher macht – und was Du sehen kannst, welcher Gedanke da ist, bevor Du Deine Augen öffnest. Und vielleicht hast Du auch schon eine Inspiration, was Dich hierher zurückbringen kann, mehr und mehr – jetzt.

Notizen:

Das existentielle Selbst stärken

Ziel: Das eigene Leben in einen größeren Rahmen stellen, Aussöhnung mit der Begrenztheit des Lebens, Stärkung der Authentizität

Dauer: 25 Min.

Musik: Maxwell, Michael: Bach for the Bath

Anmerkungen: Wenn wir unsere Existenz reflektieren, kommen Fragen auf, wie z.B.: Lebe ich das Leben, das ich leben möchte? Welchen Sinn hat das ganze Leben? Was bedeutet das Erkennen des Todes für mein jetziges Leben?

Man kann sein Leben zwar auch leben und beenden, ohne sich diesen Themen gestellt zu haben, jedoch öffnen Antworten auf dieses Fragen das Bewußtsein und erweitern die Sichtweise auf sich, die Menschen und die Welt.

Bei vielen Menschen tauchen sie in späteren Lebensphasen auf, wenn Krankheiten im eigenen Leben oder Sterbefälle im Freundes- oder Bekanntenkreis an die Endlichkeit der Existenz erinnern. Solche Fragen sind Anlaß, die Welt neu zu betrachten, sich selbst und sein Leben zu überdenken. In dieser Phantasiereise werden keine Antworten vorgegeben – das Unbewußte, die Phantasie wird eingeladen, in diesem Prozeß eigene Antworten zu finden.

Anleitung:

Mach es Dir in Deiner Position ganz bequem und stimm Dich ein auf eine Reise mit Dir und zu Dir. Und wie immer kannst Du wählen, auf welche Art Du heute in einen entspannten Zustand kommen kannst – und Dich überraschen lassen, in welchem Tempo dies wie von alleine entstehen kann. Und dann spüre, wie Du in Kontakt bist mit dem Boden, das Gewicht Deines Körpers der Erde anvertrauen kannst und Du Deine Atmung spüren kannst – gleichmäßig – regelmäßig – und die

Ruhe in Dir wahrnehmen kannst – und dabei das Gefühl von Gelassenheit und „bei Dir sein" intensiver werden kann.

Und während Du Deinem eigenen Rhythmus folgen kannst – meiner Stimme lauschen kannst – oder den Tönen und Klängen der Musik folgen **kannst** Du auf Deine Art und Weise spüren, wie Du mehr Raum und Zeit erleben kannst, um eine Begegnung mit Dir zu genießen und Deinen Körper spüren lassen, wie es ist, wenn Gelassenheit und eine tiefe Ruhe für alle Zellen Deines Körpers erfahrbar wird. Und während Du das Licht hinter Deinen geschlossenen Lidern sehen kannst – der Gleichmäßigkeit Deines Atemrhythmus folgen kannst – kann in Dir das Gefühl stärker werden, sich der Schwerkraft anzuvertrauen und alle Bereiche Deines Körpers loszulassen und dabei Dir die Erlaubnis zu geben, auf eine tiefe Art zu entspannen – und Qualitäten wie Gelassenheit mehr werden zu lassen – und mit Deiner Achtsamkeit spüren, wann genau Du diesen Punkt erreichst, an dem alles in Dir weiter und entspannter werden kann – und eine Atmosphäre von Ruhe und Frieden Deinen Körpers durchströmt.

Und während dies ganz selbstverständlich geschehen kann, kannst Du Kontakt aufnehmen mit dem Bereich in Deinem Körper, der Deine Mitte ist – spüren, wie Du in Balance sein kannst, auf eine intime Art Dich verbunden fühlen mit Dir selbst – und in dieser tiefen Entspannung kann Dir bewußt sein, daß Du eine Entwicklung in Deinem Leben bereits hinter Dir – und eine Entwicklung noch vor Dir hast. Daß Du einen Weg gegangen bist und Deinen Weg gehen wirst – und jetzt hier bist – im Moment – und Du die Gegenwart intensiv spüren kannst – annehmen, was jetzt ist, und ein inneres rundes und vollständiges „Ja" zu Deinem Wesen, zu Deiner Person spüren – und dann laß eine Vorstellung über Deine zukünftige Entwicklung entstehen – aus dieser tiefen Verbindung zu Deinem Körper und Deinem Geist – Deine Phantasie einladen – einen Ausblick entstehen lassen, einen Entwurf Deiner zukünftigen Entwicklung – sei neugierig, welche Vorstellungen entstehen können, wenn Dein Körper und Geist Teil eines stimmigen Selbst sein können – Du authentisch Du selbst sein kannst, verbunden mit Dir und allen Deinen Fähigkeiten und Talenten – verbunden mit Deinen Überzeugungen und Werten – verschmolzen mit Deiner Identität – und offen für das, was weit über Deine Identität hinausgeht – für das Feld der Möglichkeiten, dem Raum der Inspiration – und es darf klarer werden, wie Dein Leben aussehen kann, wenn Du Deinen eigenen Lebensentwurf lebst – und mit Deiner Wertigkeit und Ethik in Verbindung sein kannst – und ahnen, daß es unendlich wunderbare Perspektiven gibt – viele Sichtweisen der Welt und des Lebens und Deiner Person. Und Du den Mut haben kannst, die Gegenwart vollständig anzunehmen und über die eigene Existenz liebevoll zu lächeln – und

Sinn finden und Sinn leben kannst. Und aus dieser Verschmelzung mit dem Jetzt und mit Deinem Sein kannst Du auf Deine Art mit der Endlichkeit Deines Lebens ins reine kommen – den Gedanken annehmen, sich und das Leben wertschätzen und dabei die Kraft spüren – die in Deinen Alltag und in Dein Leben fließen kann – so daß Du Deiner Aufgabe und Deiner Vision folgen kannst. Und aus diesem Gefühl heraus kann sich die Tür öffnen für das Feld der Möglichkeiten, den Raum der Kreativität – zu dem, was da war, bevor Du da warst, und das da sein wird, nachdem Du nicht mehr bist – Dich verbinden mit dem Feld des Schöpferischen – des Göttlichen – des Allumfassenden – und lade Deine Sinne ein, diese Qualitäten anzunehmen und zu genießen – vielleicht sind es Farben oder ein Licht oder Klänge und Töne, eine Melodie oder eine Harmonie – und dieses spezielle Gefühl von Verbundensein – sich Öffnen – annehmen – Teil eines größeren Ganzen sein.

Und vielleicht hast Du schon eine Idee, wie ein Leben aussehen kann, wenn Du in Verbindung mit Deinem existentiellen Selbst sein kannst – wie Du mit Dir sprichst und mit anderen Menschen, wenn Du in Verbindung bist und Geist, Körper und Seele in Dir eine Einheit bilden. Und wie es sich anfühlt, wenn Du Authentizität in Dir wahrnehmen kannst und gleichzeitig die Öffnung zu dem, was Dich nährt, schützt und begleitet – zum Sein.

Und mit dem Wissen, daß Du diese Erfahrung jederzeit auch in Deinem Alltag spüren kannst, und daß dieser Zustand, dieses Bewußtsein in allen Situationen Deines Lebens Dein Begleiter sein kann, beginne, auf Deine Art diese Reise für Dich zu beenden und lade Dich ein, behutsam und liebevoll mit Deiner Aufmerksamkeit zurückzukommen – in Deinen Körper – in diesen Raum – in eine angenehme Position – so daß Du beginnen kannst, einen erfrischenden Gedanken entstehen zu lassen, genauso wie Du einen erfrischenden Atemzug nehmen kannst, der Energie und Vitalität in Dir stärker werden läßt – und Du kannst Dich bewegen oder berühren, je nachdem welche Art des Ankommens Du bevorzugst.

Notizen:

Deinen Schatten begrüßen

Ziel: Schattenanteile annehmen, schwierige Situationen mit anderen Menschen als Chance für persönliche Entwicklung nutzen

Dauer: 15 Min.

Musik: O'Connor, Tony: Rainforest Magic

Anmerkungen:
Jeder Mensch hat ein Selbstbild, eine Vorstellung davon, wie er sich selbst sieht. Sehr häufig ist dieses Selbstbild verengt und eingeschränkt und hat nur wenig mit dem möglichen Ich zu tun. Es gibt Anteile in uns, die eigene Tendenzen, Gefühle oder Aspekte unserer Persönlichkeit leugnen. So kommt es dazu, daß Wut, Aggression, erotische Impulse, Interessen und Energien unterdrückt werden. Dennoch verlangen diese unterdrückten Tendenzen Aufmerksamkeit – sie leisten Widerstand in uns. Man fängt an zu glauben, daß diese Anteile nicht zu seinem Selbst gehören, man möchte sie nicht zu sich zugehörig wissen, sondern fremd und draußen. Dieses verdrängen oder abspalten kostet Energie. Dann entsteht leicht die Projektion auf andere Menschen, die dann zu unserem „Schatten" werden. Ziel von Schattenarbeit ist das Annehmen ungeliebter, noch nicht akzeptierter Anteile in uns, um als Mensch vollständiger zu werden und die im Schatten gebundene Energie frei werden zu lassen.

Eine hilfreiche Vorannahme für den Alltag haben wir in einem der Castaneda-Bücher gefunden. Danach gibt es drei Gründe, warum man sich über einen anderen Menschen ärgern kann:

1. Derjenige tut etwas, was wir an uns nicht leiden können.
2. Derjenige hat oder tut etwas, was wir auch gerne hätten oder tun wollen, aber uns nicht trauen.
3. Derjenige hat oder tut etwas, was bei uns eine alte negative Erfahrung auslöst.

Er nennt diese Menschen die „kleinen Tyrannen", bei denen wir uns bedanken dürfen, denn sie zeigen uns etwas, was in uns noch nicht gelöst ist. – Die Phantasiereise hat zum Ziel , alte Wunden zu heilen und die ungeliebten Anteile wieder zu integrieren.

Anleitung:
Mach es Dir an Deinem Ort bequem und stimme Dich ein mit Deinem Körper, mit Deiner Seele und all Deinen Persönlichkeitsanteilen auf die kommende Zeit – eine Zeit, in der Du Kontakt aufnehmen kannst mit Dir, Kontakt zu bekannten und vertrauten Anteilen in Dir, aber auch zu eher unbekannten unvertrauten Anteilen, die Du einladen kannst – annehmen und akzeptieren kannst. Und auch heute kannst Du wählen, auf welche Art und wie tief Du Dich auf diesen inneren Prozeß einlassen möchtest.

Und dann beginne den Weg zu gehen, den Du schon so häufig gegangen bist – den Weg der Entspannung, bei dem Du Dir die Erlaubnis geben kannst, daß Du loslassen kannst – und Deine Aufmerksamkeit mehr und mehr nach Innen zu Dir lenken kannst.

Und wenn Du magst, kannst Du Dich begleiten lassen von Deinem Atemrhythmus – als Unterstützung – um in eine tiefe Entspannung zu kommen, die Deinem Körper Gelassenheit und Frieden ermöglicht. Und weil Du mit einem Teil Deiner Aufmerksamkeit bereits nach innen gerichtet bist, kannst Du Dir leicht vorstellen, daß Du mit jedem Ausatmen tiefer loslassen kannst – während Du Deinen Atem gleichmäßig fließen lassen kannst – ganz selbstverständlich – als Zeuge Deines inneren Rhythmus – kannst Du beginnen, diese Zeit zu genießen. Und dabei spüren, was heute Dein Rhythmus ist und gleichmäßig mit jedem Ausatmen ein wenig mehr an Tiefe gewinnen – und mit dem Ausatmen all das loslassen, was Du loslassen möchtest – indem Du Dir vorstellen kannst, daß Du es an den Himmel abgibst oder in die Erde fließen läßt – und Du dadurch Deinen Körper entspannter, weicher und weiter werden lassen kannst. Und es ist nicht wichtig, wie tief Du ausatmest, denn Du hast Deinen ganz eigenen Rhythmus, um Wohlbefinden und Entspannung zu erleben.

Und während Du dies genußvoll geschehen lassen kannst, kannst Du herausfinden, was jetzt der tiefste Punkt Deiner Entspannung sein kann, und woran Du merken wirst, daß Du noch tiefer loslassen kannst und Ruhe und Wohlbefinden jede Zelle Deines Körpers durchströmen können. Und dieses Gefühl kann Dein Anfangspunkt sein, um auf behutsame Weise noch mehr nach Innen zu gehen, um einen intensiveren Kontakt zu spüren. Und Du kannst Raum in Dir schaffen für dieses vertraute Gefühl von Frieden – und dabei spüren, wie es ist, eingebettet zu sein und sich mit Dir und Deiner Person in Verbindung zu fühlen. Und dann tau che ein in die Atmosphäre, die Du gebrauchen kannst, um in Bereitschaft zu sein – um Dich einzulassen auf einen inneren Prozeß – auf die innere Arbeit mit Dir.

Und erinnere Dich jetzt an einen Menschen – oder eine Situation, in der Du Dich über einen anderen Menschen geärgert hast – wo Dich an einem anderen Menschen in einer bestimmten Situation etwas gestört hat. Und dann nimm Dir einen Moment Zeit herauszufinden, was es genau war, was Dich geärgert und berührt hat – und vollende dann auf Deine Art innerlich den Satz: *„Mich hat an dem Menschen gestört, mich hat geärgert, daß ...* (Pause)"

Und dann öffne Dich einen Augenblick für die Vorstellung, daß der andere Mensch einen inneren Anteil von Dir spiegelt – einen Anteil, der in Dir noch nicht angenommen und akzeptiert ist – und beziehe dann das, was Du über Deinen Schatten gesagt hast, nun auf Dich selbst und spüre, wie es wirkt, wenn Du diesen Satz umkehrst und sagst: *„Mich ärgert auch oft an mir, oder es stört mich oft an mir, daß ...* (Pause)"

Und nimm wahr, wie es sich anfühlt, wenn Du die Gefühle und die Themen wieder mit Dir verbindest. Und nun stimm Dich ein auf die Frage: *„ Was wünschst Du Dir von der Situation und der Person?" – und äußere jetzt innerlich Deine Wünsche, Deine Ziele in Bezug auf zukünftige Situationen ...* (Pause).

Und dann öffne Dich auch hier – in einer Atmosphäre von Vertrauen und einer tiefen Verbindung zu Dir selbst – die Wünsche und die Ziele auf Dich selbst zu beziehen und vollende innerlich den Satz: *„Ich wünsche mir auch von mir, daß ich ...* (Pause)" Und spüre dem Gefühl nach, wenn Du Deine Wünsche und Ziele nicht nur auf andere Personen richtest, sondern auf Dich selbst und Dein eigenes Leben. Bedanke Dich zwischendurch innerlich bei Dir für eine respektvolle Kommunikation mit Dir und den Mut, Dich auf Dich selbst einzulassen.

Und vielleicht bist Du schon neugierig herauszufinden, welche wichtigen Qualitäten der andere Mensch Dir geben soll. Was erwartest Du an Ressourcen, an Unterstützung – und beantworte ehrlich Dir selbst gegenüber die Frage: *„ Was soll der andere oder die andere mir geben?"* ... (Pause).

Und dann übertrage auch diese gewünschten Ressourcen auf Dein eigenes Leben und vollende den Satz: *„Ich kann oder möchte mir auch öfter ... geben.* (Pause)" – und spüre tief in Dich hinein, welche Anteile in Dir berührt oder bewegt sind, wenn ein Thema aus Deiner Beziehung zu einem anderen Menschen zu Deinem eigenen Thema wird – und Du es einladen kannst, zu Deiner eigenen Entwicklung beizutragen.

Und je weiter dieser Prozeß gehen kann, um so klarer kannst Du die eigenen Lern-Chancen erkennen und annehmen. Und dann sei neugierig, was Du herausfinden kannst an Überzeugungen und Glaubenssätzen in bezug auf diesen Menschen. Was glaubst Du über den anderen Menschen und vollende den Satz: *„Die Person ist* ... (Pause)"

Beziehe den Inhalt dieses Satzes wieder auf Dich selbst – drehe ihn um – in Deine Richtung – und laß den Satz in Dir entstehen und wirken, wenn Du zu Dir sagst: *„Auch ich bin manchmal* ... (Pause)"

Und wechsele immer wieder den Blick zwischen dem anderen Menschen und Dir – Deinem Schatten und Dir. Und beziehe auch den folgenden Satz zuerst auf die andere Person, indem Du sagst: *„Dieser Mensch verhält sich* ... (Pause)" – Und wenn Du eine Antwort gefunden hast, lade Deinen Schatten zu Dir ein, indem Du den Satz vollendest mit dem gleichen Inhalt und sagst: *„Auch ich verhalte mich manchmal* ... (Pause)"

Dann sprich den Satz innerlich zu Ende: *„Dieser Mensch kann nicht* ... (Pause)" und nimm wahr, was passiert, wenn Du auch diesen Satz auf Dich selbst beziehen kannst und sagen kannst: *„Auch ich kann manchmal nicht* ... (Pause)"

Vollende den Satz: *„Dieser Mensch sollte* ... (Pause)" – und beziehe auch diesen Satz auf Dein eigenes Leben und sage Dir innerlich: *„Auch ich sollte manchmal* ... (Pause)"

Vervollständige den nächsten Satz über den anderen Menschen und seine Situation: *„Dieser Mensch müßte* ... (Pause)" – und vollende den Satz, indem Du ihn auf Dich selber beziehst, und sprich aus: *„Auch ich müßte manchmal* ... (Pause)"

Dann nimm Dir einen Moment Zeit – so daß Du nachspüren kannst, was diese Sätze und Umkehrungen in Dir bewirken, welche Gefühle präsent werden – und an welcher Stelle Du wahrnehmen kannst, daß Du einem ungeliebten Anteil begegnest. Manchmal ist es Dir nicht sofort angenehm, diesen Anteil zu erkennen – dann gib Dir ein wenig Zeit, Dich zu versöhnen. Und manchmal kannst Du es daran erkennen, daß es in Dir leichter wird – oder weiter und größer – heller oder bunter – vielleicht auch ruhiger oder ein inneres „Ja" erklingen kann – wenn Du diesen Anteil als einen Teil von Dir anerkennst.

Und während Du dieser Rückmeldung in Dir vertrauen kannst, spüren kannst, welche Signale Dich während dieses inneren Prozesses unterstützen können, darf es mit der Zeit klarer werden, welches Thema und welchen Aspekt Du wieder in Deine Persönlichkeit einladen möchtest – welche Anregungen und Inspirationen Dir der andere Mensch und die Situation schenkt – damit Du wachsen kannst und Dich weiterentwickeln kannst.

Und dann lade alle Deine Sinne ein, diese Erfahrung zu genießen, und schaffe in Dir Raum für das Thema, das Du annehmen möchtest, mit dem Du spielen und an dem Du wachsen möchtest – und Du kannst eine Atmosphäre in Dir entstehen lassen, um den gefundenen Qualitäten oder Themen in Dir einen Platz zu geben. Laß Deinen Anteil nach Hause kommen. Und während dies wie von alleine geschehen kann, kannst Du Ideen entstehen lassen, auf welche Weise Du in Deinem Alltag an diesem Thema weiterwachsen kannst. Welche Ziele ergeben sich aus diesem Thema für Dich? Und wie möchtest Du in zukünftigen Situationen damit umgehen? Auf welche Art möchtest Du dem Thema, dem Leben, dem Alltag und Dir selbst begegnen? ...

Und wenn Du das Gefühl hast, daß Du Anregungen und Inspirationen geschenkt bekommen hast, dann schließe die Reise in Deinem Tempo für Dich ab, indem Du Dich bei Dir bedankst – bei allen Facetten Deiner Persönlichkeit – und komm hierher zurück in diesen Raum – in Deinen Körper – und bringe Deine Achtsamkeit und Aufmerksamkeit liebevoll hierher zurück – und während Du Dich wieder mit Deinem Bewußtsein allmählich in Raum und Zeit orientieren kannst – kannst Du Dich tragen lassen von einem tiefen Atemzug und gleichzeitig mit dem Einatmen mehr Frische und Energie aufnehmen – und dabei die Vitalität in Deinem Körper sich ausbreiten lassen bis in das Becken hinein – genau so –, und mit jedem Einatmen mehr frische Gedanken entstehen lassen – mit jedem Einatmen vielleicht auch schon die Vorfreude, was genau Du tun kannst, um an Deinem Thema konkret dranzubleiben – mit jedem Einatmen mehr und mehr hierher zurückkommen – wach und frisch – und neugierig, was der Tag und das Leben Dir bringen werden.

Notizen:

Innere Demokratie leben

Ziel: Wertschätzender Umgang mit sich selbst, Persönlichkeitsanteile würdigen

Dauer: 30 Min.

Musik: Deuter, C.G.: Sun Spirit

Anmerkungen: Das Thema dieser Phantasiereise ist angeregt von der Begegnung mit Amy und Arnold Mindell in Zürich – den Begründern und Entwicklern der Prozeßorientierten Psychologie und Prozeßarbeit –, zwei liebevollen Menschen, die durch ihre wertschätzende und offene Art in ihrer Arbeit eine Quelle der Inspiration für uns sind.

Prozeßarbeit bedeutet, den natürlichen Prozessen, die bewußt oder unbewußt bei einzelnen, Gruppen, Organisationen und Großgruppen (Weltarbeit) stattfinden, zu folgen. Weltarbeit beschreibt in der Prozeßorientierten Psychologie eine bestimmte Art, mit Gruppen und Großgruppen an ihren politischen, institutionellen und kollektiven Themen zu arbeiten. Wichtigste Grundlage dafür ist das „Prinzip der tiefen Demokratie". Diese Haltung nimmt alle Teile eines Feldes gleich wichtig und weiß, daß auf keinen Anteil verzichtet werden kann. Es werden alle im Feld vorhandenen Informationen (auch verbal nicht formulierbare Erfahrungen, heftige Gefühle, Körperreaktionen und Träume) in die Arbeit einbezogen. Die Haltung der tiefen Demokratie, die unerschütterlich an die Wichtigkeit aller Teile eines Ganzen glaubt, ist die Basis der prozeßorientierten Weltarbeit und in dieser Phantasiereise der Ausgangspunkt zu einer inneren Reise. Wie wäre es, wenn wir mit uns und in uns dieses Prinzip und diese Haltung leben könnten?

Anleitung:
Nimm Dir auch heute wieder die Zeit, die Du brauchst, um Dich einzustimmen auf inspirierende Augenblicke – wo Du mit Dir in Harmonie sein kannst – mit Dir in Kontakt sein – mit Deiner Aufmerksamkeit nach innen gehen kannst. Und auch heute kannst Du wählen, was Dich darin unterstützen wird, Dich wohlzufühlen und diesen Punkt von Ruhe und Intimität zu spüren, der es Dir ermöglicht, Deine Ressourcen zu aktivieren und Dich mit Dir in Einklang zu erleben – und fühl Dich einen Moment eingebettet in die unendliche Freiheit zu wählen, ob Du nur da liegen möchtest und Dir die Erlaubnis gibst, daß Deine Gedanken kommen und wieder gehen können – oder ob Du Dich begleiten läßt von der Musik, der Melodie, dem Rhythmus und Du dabei wahrnehmen kannst, was jetzt Dein Rhythmus ist – und Du Deiner inneren Melodie lauschen kannst, dem, was Dich darin unterstützt, den Kontakt mit Dir zu intensivieren – mehr und mehr mit Deiner Aufmerksamkeit zu Dir – wo Du Dich besonders intensiv spüren und erleben kannst.

Und vielleicht hast Du Lust, Dich begleiten zu lassen – auf eine Reise zu Deinem inneren Team – mit all den Anteilen, die Dich zu dem einzigartigen Menschen machen, der Du heute bist – all den Aspekten Deiner Persönlichkeit – Deiner Vielfalt – und Vorstellungen in Dir entstehen zu lassen, wie es ist, wenn Du Dein inneres Team annehmen und akzeptieren kannst und in Dir Demokratie leben kannst. Und wenn Du magst, kannst Du diesen Gedanken bereits jetzt in Dir entstehen lassen – wie es sein kann, wenn Du alle Aspekte lebst – auf ihre ganz besondere Art.

Und dann nimm Dir zuerst einen Moment Zeit zu spüren, wie Du heute in Kontakt bist mit der Erde – die Dich trägt – sicher und fest, und dies eine Grundlage sein kann, daß Du loslassen kannst – mit dem Wissen, daß Du Dich der Schwerkraft anvertrauen **kannst** Du Deinem Rhythmus der Entspannung folgen und auf eine ganz sanfte und behutsame Art Deinen Weg der Ruhe gehen – in Deiner Geschwindigkeit und so, wie es für Dich jetzt stimmig ist. Und indem Du damit beginnst wahrzunehmen, welche Bereiche Deines Körpers bereits jetzt entspannt sind, kannst Du auch die anderen Bereiche Deines Körpers einladen, tiefer loszulassen und ein Gefühl von Gelassenheit und Frieden entstehen zu lassen. Und Du kannst fühlen, auf welche Art Du das Gefühl mehr werden lassen kannst – spüren, wie es ist, wenn Du Deinem natürlichem Fluß folgen kannst und jede Zelle in Deinem Körper weiß: Du bist jetzt völlig ruhig und entspannt! Und dieses Gefühl kann intensiver werden – behutsam – loslassen und Deinen Körper genauso selbstverständlich entspannen wie Deinen Geist – zur Ruhe kommen – und spüren, wie Du auf eine tiefere Art entspannen kannst – mehr und mehr loslassen – und das annehmen, was jetzt da ist. Und alles, was Du wahrnimmst in Dir und um Dich herum – kann Dich darin unterstützen, bei Dir zu sein und bei Dir zu bleiben.

Und dann nimm wahr, wie es ist, wenn Deine Haut ganz entspannt sein kann, Deine Muskulatur locker und gelöst, und alles ist ein kleines bißchen weicher und weiter – Deine Gedanken kommen und gehen – und Du für einen Moment offen sein kannst – und wenn Du magst, kannst Du einen Moment der Phantasie folgen, wie es ist, wenn Du mit Dir und in Dir ganz tiefe Demokratie leben kannst – wie es sich anfühlt, wenn alle Anteile in Dir gleich wichtig sind – und wenn in Dir eine friedvolle Mitbestimmung herrscht – innere Kommunikation und Austausch gelebt wird – und Du mit Deinen inneren Anteilen in Übereinstimmung lebst – und die Freiheit aller und die Freiheit einzelner wichtige Werte sind. Welche Prinzipien sind dann für Dich besonders wichtig? Welche Qualitäten bestimmen dann Dein inneres Miteinander? Auf welche Art würdest Du am fairsten mit Dir umgehen und mit all Deiner Vielfalt? Und wie könnte es aussehen, wenn Du Dein inneres Team einlädst, daß alle Teile ihren Beitrag dazugeben – zu einem erfüllten Leben? Welche Worte gehören dazu – und wie könnte es sich anhören, alle Anteile in Dir einzuladen, sich mit Energie in die gleiche Richtung zu bewegen – sich gemeinsam innerlich auszurichten und einzusetzen für Deine Ziele – Deine Werte und Deine Visionen? Und laß die Vorstellung klarer werden – von Dir und von Deiner Buntheit, Vielfarbigkeit – und gib Dir einen Moment die Erlaubnis, zu träumen, einfach nur Deiner Phantasie Flügel wachsen lassen, wie es ist, wenn Dein inneres Team Dich bei Deinen zukünftigen Projekten und Zielen begleiten und unterstützen wird. Und wenn es Augenblicke geben sollte, in denen Du merkst, daß Du mit Dir nicht demokratisch umgehst – Momente der inneren Diktatur – der Herrschaft und Unterdrückung einzelner Aspekte Deines Selbst – dann kannst Du Dein Bewußtsein wieder auf Deine innere Demokratie richten – ein Gedanke, der Dich daran erinnert, daß alle Teile Deines Selbst gleich wichtig sind und in ihrem So-Sein wertgeschätzt werden. Unterschiedliche Einstellungen und Absichten kannst Du dann wahrnehmen und kommunizieren – in Dir kann Austausch stattfinden – innere Vereinbarungen können von Dir getroffen werden. Und Du kannst dann alle Anteile in Dir einladen, die besten Lösungen und Wege für das gesamte System zu finden. Und dann spüre für einen Moment dieses Gefühl von Respekt und Wertschätzung aller Teile in Dir nach – und genieße das, was Dir daran am besten gefällt. ...

Und mit dem Wissen, daß Du auch in Zukunft zu jeder Zeit den Kontakt zu Deinen inneren Anteilen herstellen und pflegen kannst – auch zu den Anteilen, die manchmal die Minderheit sind – daß es in Dir Raum für Meinungen, für Vielfalt und für Kreativität gibt – hast Du vielleicht ein gutes Gefühl dafür, zu wissen, wann alle Anteile Lust haben, sich gemeinsam zu engagieren – wie es in Dir dieses Gefühl geben kann von Kraft – von Kongruenz und Stimmigsein. Und mit dem Wissen, daß

Dein inneres Team Dich auch in Zukunft begleiten wird, verabschiede Dich innerlich und beginne damit, Deine Aufmerksamkeit wieder hierher in Deinen Körper zu lenken, und spüre, auf welche Art und Weise Du den Boden berührst, und was Du tun kannst, Dich wieder hierher zurückzulocken – behutsam – achtsam – liebevoll mit Dir selbst, in Deinem Tempo – und allmählich auch den wachen Anteil in Dir aufrufen, der vielleicht schon neugierig ist, was heute noch geschehen wird – der Lust hat, sich schon ein kleines bißchen zu bewegen, und der sich einstimmt auf Aktivität und vielleicht schon einmal die Muskeln bewegen möchte – spüren und in Bewegung kommen, oder einfach für einen Moment die Augen öffnen und Dich hierher zurückorientieren und vielleicht auch mit einem tiefen Atemzug Frische und Energie in Dir ausbreiten lassen – in Deinem Körper – und mit jedem Atemzug ein bißchen Müdigkeit rausfließen lassen – und mit jedem Einatmen mehr und mehr Energie und Wachheit – und vielleicht auch ein Räkeln oder ein Strecken.

Notizen:

Reise zu Deiner persönlichen Evolution

Ziel: Sensibilisieren für die Entwicklung des Bewußtseins und Themen einer aktuellen Lebens-Phase

Dauer: 25 Min.

Musik: Anugama: Shamaniac Dream

Anmerkungen: Die Entwicklungspsychologie beschreibt u.a. die Evolution des Menschen vom Säuglingsalter bis zur ausgereiften Persönlichkeit. Die Grundidee dieser Reise ist, die Entwicklungsstadien des menschlichen Bewußtseins nachzuvollziehen und zu erleben. Es gibt Stadien der Entwicklung, die wir bereits durchlaufen haben, und andere, die wir noch durchlaufen können. Manchmal sind es Quantensprünge der Bewußtwerdung, die uns eine neue Sicht der Welt ermöglichen, uns vielfältigere Fähigkeiten eröffnen und uns erweitern. Bei den Entwicklungsstadien haben wir uns von der hervorragenden Beschreibung von Ken Wilber inspirieren lassen. Für die Anwendbarkeit einer Phantasiereise sind die Bezeichnungen vereinfacht und teilweise zusammengefasst worden – der Grundgedanke der Entwicklung des Bewußtseins war uns das wichtigste Anliegen.

Das Empfinden des *Physischen Selbst* läßt uns unseren Körper spüren und die Grenzen zum Rest der Welt. Zu Beginn unserer Evolution haben wir noch kein ausgereiftes Bewußtsein, sondern fühlen uns als ersten Entwicklungsschritt mit und in unserem Körper verbunden. Das „Schlüpfen" des *Emotionalen Selbst* eröffnet uns den Zugang zu den Gefühlen in uns. Das *Mentale Selbst* lehrt uns die Sprache und das Denken und schenkt uns das Verständnis von Zeit. Es beginnt die Ausbildung einer Persönlichkeit. Als *Soziozentrisches Selbst* sind wir in der Lage, uns anhaltend in die Lage eines anderen Menschen zu versetzen, Mitgefühl zu erleben und unseren Platz im sozialen System zu finden. Als *Weltzentrisches Selbst* können wir vielfältige Perspektiven einnehmen, globale Sichtweisen und eigene Lebenskonzepte mit diesem Hintergrund leben. Das *Existentielle Selbst* ist die Phase, in der wir uns mit der Begrenztheit des Lebens versöhnen können und ein selbstverwirklichtes, authentisches und sinnerfülltes Leben leben. Über die eigene Person und die Familie und das Eingebettetsein in eine Gemeinschaft hinaus öffnet das *Spirituelle Selbst* unser Bewußtsein für transpersonale Erfahrungen – die Erfahrungen des Eingebettetsein in einen größeren Zusammenhang, das Einssein mit der Natur – kosmisches Bewußtsein – das Erleben der Quelle, des allumfassenden Bewußtseins, der Verschmelzung mit dem Göttlichen – Sein.

Der Weg von der Empfängnis bis zur Erleuchtung ist ein Fortschreiten an Bewußtheit, eine Entwicklung, die uns weiter werden läßt. Als „erwachsener" Mensch können wir mit Achtsamkeit, innerer und äußerer Auseinandersetzung, aktiver innerer Entwicklungsarbeit und spiritueller Praxis „Türen öffnen" für neue „Erfahrungsräume".

Anleitung:
Und dann stimme Dich ein auf eine Zeit mit Dir und für Dich und triff innerlich die Entscheidung, wie weit Du Dich heute einlassen möchtest. Du kannst schon neugierig sein, auf welche Art Du Dich heute entspannen kannst, um in einen Zustand zu kommen, der Deinen Körper in Wohlgefühl einhüllt und Deinen Geist wach läßt für spannende und inspirierende Erfahrungen. Und beginne als erstes zu spüren, wie sich Dein Körper anfühlt und wie Du Deine Arme und Deine Beine abgelegt hast – auf welche Art Dein Kopf den Boden berührt – und wie das Gewicht Deines Körpers getragen wird – und Du alles tust, was einen angenehmen Zustand in Dir stärker werden läßt. Und dann kannst Du Dich begleiten lassen durch den Rhythmus der Musik – von der Melodie, den Klängen und Tönen und dabei sanft in ein Gefühl von Ruhe und Gelassenheit gleiten – und spüren, wie Du mehr und mehr zu Dir finden kannst – in Deine Mitte – in den Bereich Deines Körpers, der bereits viele Erfahrungen zum „Entspanntsein" abgespeichert hat. Vielleicht kann die eine oder andere Erinnerung an einen wohligen entspannten Zustand Deinen Körper jetzt darin unterstützen, dieses Gefühl präsenter werden zu lassen. Vielleicht reicht es auch aus, daß Du Dir die Erlaubnis geben kannst, daß Du ganz bei Dir sein kannst und bei Dir bleiben. Und wie immer hast Du die Entscheidung – die freie Wahl – einfach nur dazuliegen, Deine Gedanken kommen und gehen zu lassen und Deinem Körper einen Augenblick Ruhe zu gönnen – oder daß Du Dich mitnehmen läßt von einer kleinen Phantasiereise – in der Du den Worten und Sätzen folgen magst und den Assoziationen, die sie bei Dir wecken. Genieße den Moment, der nach innen gerichteten Aufmerksamkeit – ein Rendezvous mit Dir selbst

– mitten am Tag wo Du alles an Dir ein wenig lockerer und gelöster werden lassen kannst und das Gewicht Deines Körpers der Erde anvertrauen kannst – und Dich verbunden fühlen kannst mit diesem großen Planeten unter Deinem Rücken – vom Boden getragen – und Du Dich sicher fühlen kannst und fest verbunden mit dem Boden unter Dir, so daß Du loslassen kannst. Während dies wie von alleine weiter geschehen kann, dürfen sich Deine Muskulatur und Deine Haut so weit entspannen, daß sich in Dir alles ganz weich und weit anfühlen kann und Du in Dir dieses wohlige Gefühl spüren kannst – dieses Gefühl, was Du gut kennst, aus den Situationen, in denen es Dir richtig gut ging und Du den Kontakt mit Dir auf eine ganz persönliche und positive Art erleben konntest. Und dann laß Dich von Deinem Atemrhythmus in die Gegenwart begleiten, so daß Du Deine Präsenz auf den Moment richten kannst - und wenn Du magst, kannst Du mit jedem Ausatmen ein klein wenig tiefer zu Dir selbst finden - mit jedem Ausatmen mehr Gelassenheit - mehr Entspannung - mehr in Kontakt mit Dir sein.

Und während jede Zelle Deines Körpers diesen Zustand annehmen und genießen kann, kannst Du Dich einladen auf eine Reise zu Deinen persönlichen Entwicklungsstufen – eine Reise zu Deiner ganz persönlichen Evolution – zu den Phasen Deines Lebens, die Dir schon bekannt und vertraut sind, und den Phasen, die noch vor Dir liegen. Und dann stimme Dich ein, Kontakt aufzunehmen zu Deinem *Körperlichen Selbst* und all dem, was dazugehört, mit dem Wissen, daß Du Dich, irgendwann in Deiner Vergangenheit – damals – in Deiner Anfangszeit – mit Deinem Körper verschmolzen hast. Und Du seitdem die Verbindung erleben kannst und Dein Körper Dein Zuhause ist – und Dein Körper Dich darin unterstützen kann, in Bewegung zu sein und zu atmen.

Und laß dann die Erfahrung präsent werden, daß Du vor langer Zeit auch die Vielfalt Deines *Emotionalen Selbst* entdeckt hast, die Welt des Fühlens und Spürens – und Du die Qualitäten von Lebendigkeit präsent werden lassen kannst und Du Dich selbst erleben kannst – spüren – Gefühle wahrnehmen – Freude und Schmerz – das ganze Spektrum – die Vielfalt von Lust und Lebendigsein – und alles, was für Dich wichtig ist, jetzt zu spüren.

Nimm Dir einen Moment Zeit wahrzunehmen, daß Du bereits in Dir die Verbindung hergestellt hast mit Deinem *Mentalen Selbst* – das ist die Welt der Begriffe und der Sprache – die Welt des Denkens – und Dich auch hier weiterentwickelt hast – Vorheriges integriert, weiter gelernt – und angefangen hast, Vergangenheit und Zukunft zu erleben – in Zeit-Räumen zu denken – und dies irgendwann einmal eine neue Errungenschaft war, Dir Zukünftiges auszumalen und Vergangenes zu erinnern – und wie Du angefangen hast, Deine mentalen Fähigkeiten dazu einzusetzen, Deine Vorstellungskraft mehr werden zu lassen, Deine Phantasie einzusetzen und mit Gedanken zu spielen – zu experimentieren – und Du weißt, daß Du lernen kannst und Wissen ansammeln.

Und dann erinnere Dich, wie Du weiter in Deinem Leben angefangen hast zu lernen, daß es nicht nur Deine Sicht der Welt gibt, sondern daß es auch die Perspektive anderer Menschen gibt – und daß Du angefangen hast, bestimmte Rollen anzunehmen und auszuprobieren – und Lust hattest dazuzugehören, zu einer Gruppe – und dabei hast Du ganz nebenbei erfahren, wie Du soziale Netzwerke bilden kannst und Dich selbst in Verbindung zu anderen Menschen erleben kannst. Jetzt kannst Du die Positionen anderer Menschen wahrnehmen – Mitgefühl entwickeln und zeigen – Du kannst neue anregende Sichtweisen von anderen Menschen annehmen und überdenken – und dieses *Soziale Selbst* hat sich in Dir bereits entwickelt. Und manchmal hast Du vielleicht auch Lust, diese Perspektive noch weiter werden zu lassen – diese Sichtweise auszudehnen, nicht nur auf die Menschen, mit denen Du direkt lebst, sondern auf die gesamte Welt. Und Du Gefallen daran finden kannst, eine Perspektive einzunehmen, in der Du alle Lebewesen mit berücksichtigen kannst, wo alle Dinge und Handlungen für Dich von Wert sind – und Du anfangen kannst, global zu denken – und global zu leben. Und wie kann sich das anfühlen in Dir, dieses weitere, offenere Bewußtsein zu leben – und dieses *Weltoffene Selbst* in Dir zu begrüßen und anzunehmen.

Und nun nimm wahr, wie es ist, mit Deinem *Existentiellen Selbst* in Verbindung zu sein, mit dem Selbst in Dir, das sich auf eine ganz tiefe Art seiner eigenen Existenz bewußt ist – also Du Dir Deiner Selbst bewußt bist – Körper und Geist miteinander in Verbindung – und wie kann sich das anfühlen im Austausch – wenn Du unendlich viele Perspektiven wahrnehmen kannst und alle auf ihre Art und Weise richtig sind – und Du mehr und mehr authentisch leben kannst – auf eine ganz ehrliche und tiefe Art mit Deiner Persönlichkeit in Verbindung bist – und Dich mit der Endlichkeit – und der Unendlichkeit Deines Seins auseinandergesetzt hast – und spüren kannst, wie es ist, Sinn und tiefe Freude des Seins in Deinem Leben zu erleben.

Und als nächsten Schritt kannst Du Dich öffnen für Dein *Spirituelles Selbst* – und neugierig erkunden, was die Quellen Deiner Existenz sind – und wie Du Deine Quelle spüren kannst – was kann Dir ein Gefühl von Verschmelzung geben – von Verbindung – von Transzendenz? Und Du kannst eintauchen in das Feld der Kreativität – Einssein mit dem Feld aller Möglichkeiten – in Verbindung sein mit dem großen Ganzen, aus dem alles ist und zu dem alles wird – und auf welche Art kannst Du dieses spirituelle Selbst in Dir wahrnehmen? Vielleicht über Farben und Licht oder einen ganz bestimmten Ton oder Klänge? Vielleicht auch Stille – in Dir oder Stille um Dich herum? Und genieße das Gefühl, wenn Du dem Rhythmus der Evolution folgen kannst – und was dann da ist, wenn Du Dich verbunden fühlst – eingebettet – geführt – geschützt.

Und mit dem Wissen, daß dieses Gefühl Dich auch in Deinem Alltag begleiten kann und diese Verbindung auch in Deinem Alltag, in Deinem täglichen Handeln präsent ist, einfach nur, indem Du in diesem Bewußtsein Deine Handlungen ausführen kannst. Und mit dieser Gewißheit, daß dieses Feld eine für Dich immer vorhandene Präsenz hat – verabschiede Dich innerlich von Deinen Vorstellungen und Bildern, die Du gerade gemacht hast, und lade Dich auf eine liebevolle und respektvolle Art ein, wieder hierher zurückzukommen – zurück in Deinen Körper – zurück zu Deiner Empfindung. Und spüre, was Du als erstes in Deinem Körper bewegen möchtest, vielleicht möchtest Du auch eine Berührung finden, die Dich wach macht, vielleicht eine Bewegung. Was wird Dich zurücklocken? Vielleicht ein erfrischender Gedanke, ein munter machender Atemzug, eine Vorstellung, die Dich schmunzeln läßt, oder ein motivierender Satz. Und dann komm Schritt für Schritt mit Deiner Aufmerksamkeit hierher zurück – Du hast alle Zeit der Welt – genau eine Minute, um wieder wach und vital und frisch zu sein – ab jetzt.

Notizen:

Zur Essenz

Ziel: Gefühle annehmen, tiefe innere Verbundenheit mit dem Universum erleben, die Essenz im Leben entdekken

Dauer: 20 Min.

Musik: Deuter, C.G.: Garden of the Gods

Anmerkungen: In Gruppen, die mit Spiritualität wenig Erfahrungen haben, erklären wir vorher, was wir mit dem Urgrund allen Seins meinen, und regen eine Diskussion über den Sinn des Lebens und spirituelle Werte und Erfahrungen an. Manche Menschen haben Angst vor der Kraft des Lichts und befürchten, ihre Kontrolle zu verlieren oder ihre Identität. Wenn dies auftaucht, dann reden wir erst noch einmal über Sicherheit und die Möglichkeit, jederzeit die Augen öffnen zu können, um wieder in der Realität zu landen. Manchmal hat es sich als hilfreich erwiesen, hier die Schwerkraft spüren zu lassen und wie sie uns mit der Erde verbindet, uns fest verankert. – Für die Hin- und Rückreise haben wir in dieser Phantasiereise den Klang eines Gongs als Unterstützung genommen.

Anleitung:
Mach es Dir so bequem, daß es jetzt für Dich richtig ist – so daß Du loslassen kannst – auch körperlich loslassen kannst, was Du im Moment nicht brauchst – und manchmal hilft es zu wissen, daß Dein Handy ausgeschaltet ist – so daß Du zur Ruhe kommen kannst – und weißt, daß Du völlig ungestört bei dem sein kannst, was Du jetzt im Moment gerne tun möchtest. Und erlaube Dir, ganz in Ruhe dafür zu sorgen, daß Du alles hast, was Du brauchst – daß Du Kissen und Decken hast – warme Füße – alles, was Dich darin unterstützen kann, daß Du loslassen kannst. Und dann laß Dich mitnehmen vom Klang des Gongs in eine tiefe Entspannung – eine Zeit des Wohlbefindens. Und indem Du an Deine Füße denkst – können die Füße loslassen – all die Muskeln, die jetzt nicht gebraucht werden – sich entspannen – ganz weich werden und gelöst sein. Und indem Du mit Deiner Aufmerksam-

keit höher wanderst, in Deine Waden – kannst Du auch hier loslassen – was Du loslassen möchtest. Und wenn Du an Deine Oberschenkel denkst – können Deine Beine insgesamt loslassen – und es kann dieses wunderbare gelöste Gefühl entstehen – das Du gut kennst. Und wenn Du an Dein Becken denkst – dann kann sich hier alles entspannen, was sich hier jetzt gerne entspannen möchte – ganz locker und leicht werden – und Du kannst Dich diesem Gefühl einen Moment hingeben – um zu spüren, wie Dein Körper mehr und mehr loslassen kann – und je höher Du kommst mit Deiner Aufmerksamkeit – desto tiefer kannst Du loslassen – wenn Du an Deinen Rücken denkst – kannst Du vielleicht jetzt schon spüren, welche Muskeln weicher werden – wo Du mehr und mehr loslassen kannst – und Dein Gewicht dem Boden anvertrauen – Dich tragen lassen – wahrnehmen, was Du abgeben kannst – von Deinen Schultern abgeben an den Boden – und Dich tragen lassen von der Erde – wie jeden Tag – ganz selbstverständlich – auch heute – hier und jetzt. Und wenn Du an Deine Arme denkst – können Deine Arme loslassen – ganz von alleine – einfach, indem Du Dir erlauben kannst, all das, was Du jetzt nicht brauchst, auf dem Boden abzulegen – Deine Hände – einen Platz finden lassen, wo sie ruhen können – so daß sich dieses Gefühl von Gelassenheit und Loslassen ausbreiten kann – in Deinem ganzen Körper – Dich füllen kann mit Ruhe und Gelassenheit – sich ausbreiten kann bis hinein in Deinen Kopf – bis hinein in Dein Gesicht – und wenn Du an Dein Gesicht denkst – kannst Du spüren wie es weicher werden kann – mit all dem, was für Dich dazugehört. Und Du weißt, wie sich das anfühlt, wenn Du nach Innen lächeln kannst – Dir zulächeln – erlaube Dir für einen Augenblick, nichts zu tun – einfach nur sein – nichts tun – Dich nur dem Leben hingeben – wahrnehmen, was ist – annehmen – und Dich dem hingeben.

Und spüre noch mal, was jetzt da ist – was Du jetzt wahrnehmen kannst – und erlaube Dir, ganz da hineinzugehen – hinein – Dich hineingleiten lassen – Dich hineinfallen lassen – Dich hineingeben mit allem, was dazugehört – und tiefer gehen – weiter – und tiefer oder höher, so, wie es für Dich stimmt – so daß Du loslassen kannst, was Du loslassen möchtest – und wahrnehmen, was ist dahinter – darunter – oder davor. Erlaube Dir, wahrzunehmen, was jetzt da ist – vielleicht gerade, wenn eine Spannung da ist, auch hier, hineingehen – wahrnehmen, was es ist, und hineingehen – und es erleben – annehmen und hindurchgehen – und was ist dahinter – was ist darunter – was ist davor?

Erlaube Dir, bei dem zu sein, was jetzt bei Dir ist – immer wieder – wahrnehmen – annehmen, nichts hinzufügen, sondern nur annehmen – und Dich dem öffnen – vollständig und ganz hingeben – eintauchen und hindurchgehen – und was ist davor – was ist darunter – was ist die Essenz dessen, was ist? Erlaube Dir immer weiter hindurchzugehen durch das, was ist – und erlaube Dir, Dich so hineinzugeben, Dich hinein loszulassen in die Essenz. Und immer, wenn Du etwas spüren kannst – nimm es an und gehe weiter – gehe hindurch, bis Du an die Qualität kommst, die dahinter liegt – oder darunter – so daß Du tiefer und tiefer loslassen kannst – Dich tiefer und tiefer einlassen kannst – tiefer und tiefer gehen kannst, bis Du an den Ursprung der Emotion – oder bis an den Ursprung des Seins kommen kannst – tiefer gehen – hindurchgehen und loslassen – Dich hineinlassen in die Essenz – und erlaube Dir, genau so lange in diesem Zustand zu bleiben – in diesem Gefühl – in dieser Qualität – wie es richtig für Dich ist.

Und Du weißt, daß Du diese Verbindung – und dieses Gefühl von Verbundenheit mit hierher bringen kannst – mit hierher bringen in das, was Du jetzt tun möchtest – mit hierher bringen in Deinen Alltag – in das, was für Dich heute noch wichtig ist und was Du heute noch tun wirst. – Mit hierher bringen kannst, indem Du Deine Augen öffnest und schauen kannst – wie Du diesen Zustand – diesen inneren Kern – erleben kannst hier und jetzt – wie diese Verbindung mit Deiner Essenz in alles mit einfließen kann, was Du tust – und erlaube Dir, die Zeit zu nehmen, hierher zurückzukommen – und behutsam – und liebevoll – und achtsam mit Dir – und mit den anderen zu sein. – Und dann laß Dich vom Klang des Gongs hierher begleiten – und komme mit Deiner Aufmerksamkeit vollständig hierher zurück.

Notizen:

Mit der Seele im Einklang

Ziel: Bewußtsein erweitern, das eigene Leben aus einer größeren Perspektive wahrnehmen.

Dauer: 25 Min.

Musik: Deuter, C.G.: Nada Himalaya

Anmerkungen: Das persönliche Wachstum ist ein steter Pfad zur Transzendenz. Auf diesem Weg fangen wir an, ein gesundes Ich zu entwickeln und dabei auch ungeliebte Teile einzuladen, um vollständig zu sein und mehr zu dem zu stehen, wer man ist (Mensch) und was man ist (Rollen, die man übernommen hat). Im bestem Falle kann es gelingen, alte innere Feinde zu Verbündeten werden zu lassen (innerer Schweinehund). Vielleicht ist nicht alles wünschenswert an uns und unserem Verhalten. Jedoch vielleicht liebenswert, wenn man es versteht. In diesem Sinne kann persönliches Wachstum eine Ausdehnung und Erweiterung des eigenen Blickfeldes zur Folge haben – ein „Weiter-Werden" der eigenen Grenzen in bezug auf die Sicht nach außen und in bezug auf die Tiefe nach innen. Im Laufe unserer persönlichen Evolution sind das eigene Sein, die eigene Person und die eigene Entwicklung immer wieder neu zu aktualisieren und einzuordnen. Davon handelt diese Phantasiereise.

Da es einige Stellen in der Phantasiereise gibt, die den Atem-Rhythmus als Grundlage nehmen, ist es gut, einige Zeit den Atemrhythmus der Reisenden zu beobachten und durch Anweisungen zu einem oder mehreren Atemzügen zu synchronisieren. Bei der Anleitung kannst Du darauf achten, daß die Worte und Anweisungen mit dem beobachteten Atem-Rhythmus im Einklang sind.

Anleitung:
Und dann beginne damit, Deinen Platz zu finden und es Dir auf Deine Art bequem zu machen. – Du kannst spüren, in welcher Position Du am leichtesten loslassen

kannst und was Du noch tun oder sein lassen kannst, um Dich einzustimmen auf eine Reise nach innen – eine Reise, die Dich darin unterstützen kann, daß Dein Bewußtsein weiter werden kann und der Kontakt zu Deinem Selbst tiefer werden kann. Und Du weißt am besten, wie Du Dich zu einer Erfahrung einladen kannst – und dabei alles wahrnehmen, was für diese Reise von Bedeutung für Dich ist. – Und während Du den Kontakt zu Dir intensivieren kannst, spüre Deinen Körper und die Verbindung zur Erde – und laß das Gewicht Deines Körpers genußvoll in den Boden sinken, so daß in Dir das Gefühl von Entspannung und Leichtigkeit mehr werden kann – und Du kannst jeden Deiner Sinne nutzen, um die Entspannung tiefer werden zu lassen. Vielleicht gibt es eine Farbe oder ein Licht, das es Dir ermöglicht, daß Du loslassen und zur Ruhe kommen kannst – vielleicht gibt es auch einen inneren Ton oder einen Klang, ein Wort oder einen Satz, den Du zu Dir selbst sprichst und der es Dir erleichtert, in Gelassenheit und Entspannung einzutauchen – und vielleicht ist es auch dieses Gefühl von Verbundenheit zur Erde – den Kontakt zum Himmel und daß Du Dich eingebettet und getragen fühlen kannst zwischen Himmel und Erde – und gleichzeitig die Nähe zu Dir spüren kannst und auf eine wundersame Art alle Bereiche Deines Körpers wahrnehmen kannst – und Du die Botschaft von Ruhe, Gelassenheit und Frieden durch Deinen Körper als Welle erleben kannst – spüren kannst, wie diese Worte sich in Dir zu inneren Qualitäten wandeln – und Du aufmerksam sein kannst für den Augenblick, in dem folgende Worte in Dir zu einem Gefühl werden können – sich ausbreiten können wie Wellen – intensiver werden können und für Dich zu einem angenehmen Erlebnis – und Du neugierig sein kannst, wie das Wort **„Wohlfühlen“** jetzt in Dir spürbar eine Resonanz erschafft – und **„Ruhe“** nicht nur ein Wort ist, sondern sich transformiert in ein Gefühl – eine Energie, die sich spürbar ausbreiten kann, wie sanfte Wellen von Deinen Füßen bis zu Deinem Kopf. – Jede Zelle in Deinem Körper kann spüren – wie Dein **innerer Frieden** mehr werden kann und alles, was Du in Dir wahrnimmst, kann Dich darin unterstützen, Deine Bewußtheit für Dich und für das, was in Dir passiert, weiter werden zu lassen – und Du kannst sensibel wahrnehmen, was jetzt da ist. Du kannst beobachten und Zeuge sein dessen, was in Dir und um Dich herum präsent ist – und richte Deine Achtsamkeit für einen Moment auf Deinen Körper, auf das Wunder Deiner Körperlichkeit – daß Du die einzelnen Bereiche Deines Körpers spüren und fühlen kannst – wie es ist, in Verbindung zu sein – mit Deinen Armen – Deinen Beinen und Deinem Becken – Deinem Bauch – Deinem Rücken – Deinen Schultern – und Deinem Kopf – und Du kannst achtsam beginnen, auch kleinste Bereiche Deines Körpers wahrzunehmen und wertzuschätzen – und Du kannst in Dir auch Freude entstehen lassen, daß es dieses körperliche Zuhause für Dich gibt – und dabei ein „Dankeschön“ aussprechen, für all die Dienste, die Dein Körper tagein und tagaus für Dich leistet – ganz unbemerkt und ganz selbstverständlich – und dann richte Deinen Fokus auf Deinen Geist – als ob Du den Lichtstrahl einer Taschenlampe auf ein neues Gebiet lenkst und dadurch klarer und heller sehen kannst – mehr sehen kannst – und beginne, Dir Deines Geistes bewußt zu sein – daß Gedanken kommen und wieder gehen dürfen und Ideen und Vorstellungen an Dir vorbeiziehen können, wie Wolken am Himmel – und Du Dir gleichzeitig Deines Körpers und Deines Geistes bewußt sein kannst – und der Lichtstrahl breiter und weiter werden kann – und es geräumiger in Dir sein kann – weiter – und stell Dir vor, Du könntest mit dem nächsten Einatmen die Kraft des Lichtes in Dir aufnehmen – das Licht des Seins – die Kraft der Schöpfung mit jedem Einatmen in Dir aufnehmen und mit jedem Ausatmen Dein Bewußtsein weiter werden lassen – so daß Du mit jedem Einatmen das Licht des Seins in Dir aufnehmen kannst – und mit dem Ausatmen den Dich umgebenden Raum spüren und wahrnehmen kannst. Mit dem Einatmen die Urkraft des Universums aufnehmen – und mit dem nächsten Ausatmen Dir Deines unmittelbaren Umfelds bewußt sein – der Umgebung, in der Du eingebettet bist und der Menschen – und spüre die Verbindung zwischen Dir und dem, was Dich umgibt – während Du mit dem nächsten Einatmen die Energie des Lebens in Dir spüren kannst – die Kraft in Dir aufnehmen – und mit dem nächsten Ausatmen kannst Du Dir bewußt werden, in welcher Stadt und in welchem Land Du eingebettet bist – und Dein Bewußtsein auf Deine Stadt und Dein Land ausbreiten. – Für einen ganz gegenwärtigen Augenblick spüren, in welchen größeren Kontext Du Dich eingebettet fühlst, um dann in Deinem Rhythmus – ganz selbstverständlich – mit dem Einatmen wieder mit der Kraft des Göttlichen und der Natur verbunden zu sein, und mit dem Ausatmen Dein Bewußtsein auf den gesamten Planeten ausdehnen – und Dir für einen Moment bewußt sein, wie Du Dich erleben kannst, wenn Du mit allen Lebewesen dieses blauen Planeten verbunden bist – und Du Dich eingebettet erleben und auf großartige Weise Teil eines evolutionären Prozesses sein kannst – Teil eines größeren Ganzen. Und mit dem nächsten Einatmen kannst Du das Gefühl von Kraft und Lebendigkeit intensiver werden lassen – die Verbindung leuchtender und heller – und Dich auf eine tiefe Art verbunden fühlen mit dem göttlichen Prinzip – und mit dem nächsten Ausatmen kannst Du Dein Bewußtsein weiter werden lassen, daß es sich ausbreiten kann – und Du verbunden sein kannst mit ALLEM im Universum – mit der göttlichen Ordnung – verbunden mit allem Leben – mit Zeit und Raum – verbunden mit der Endlichkeit und der Unendlichkeit – dem Zeitlichen und dem Zeitlosen – und Du kannst genießen, diese Kraft mit dem Einatmen zu spüren – aufzunehmen und durch Dich hindurchfließen zu lassen – und mit dem Ausatmen wahrzunehmen, wie es für Dich ist, sich verbunden zu fühlen mit dem Fluß des Seins – und Du kannst Dir für einen Moment die Erlaubnis geben, Eins zu sein mit allem, was ist – allem, was immer schon da war und zukünftig immer da sein wird. – Und sei Dir mehr und mehr der Fülle bewußt: Alles ist schon da! – Und mit welchen Sinnen kannst Du diese Erfahrung für Dich am klarsten werden lassen, am intensivsten, am harmonischsten? Welche der gemachten Erfahrungen können Dich in Deinem Alltag unterstützen, Dir der Weite und der Größe Deines Seins bewußt zu sein? Und vielleicht kann Dich diese Erfahrung in Deinem Alltag darin unterstützen – Dir klarer zu sein, daß Du mit Deinem Bewußtsein nicht nur in einer geräumigen Wohnung lebst, sondern in der gesamten Zeit Deines Seins in weite, fruchtbare, blühende Landschaften eingebettet bist – und Du dabei Teil eines größeren Ganzen bist – Teil dieses Universums – und gleichzeitig einzigartig.

Und dann schließe diese Erfahrung für Dich ab, indem Du Dir ein Symbol schenken läßt, eine Farbe oder einen Gegenstand – der Dich auch in Deinem täglichen Handeln an Dein Sein erinnern kann – ein Symbol dafür, daß Deine Existenz in einen größeren Zusammenhang eingebettet sein kann – und daß Du anfangen kannst, auch Alltägliches im Bewußtsein Deiner Größe und Weite anzunehmen und zu genießen. Und dann locke Dich in Deinem Tempo aus dieser Erfahrung wieder zurück – und mit jedem Einatmen kannst Du Frische und Energie stärker werden lassen, und mit jedem Ausatmen Dir mehr Deines Körpers und Deiner eigenen Körperlichkeit bewußt sein. Und mit jedem Einatmen – jetzt Achtsamkeit und Frische in Dir mehr werden lassen – und mit jedem Ausatmen kannst Du spüren, welche Berührung oder Bewegung Deinem Körper gut tun könnte, um wieder zurückzukommen. – Und dann laß eine vitalisierende Energie und Bewegung entstehen – eine Bewegung in Deinem Körper – eine Bewegung in Deinem Geist. Und vielleicht kannst Du auch schon jetzt eine Entscheidung darüber treffen, ob Du zuerst die Augen öffnen möchtest oder die Finger Deiner Hand bewegen möchtest, um Dich erfrischender und wacher wieder hierher zurückzulocken und Deine Erfahrung für Dich auszuwerten.

Notizen:

Kontakt zur Quelle

Ziel: Energie tanken, Gefühl von Verbundenheit mit dem Leben stärken

Dauer: 20 Min.

Musik: Harfenmusik von Karsten Ritschl

Anmerkungen: Diese Phantasiereise gibt es als CD mit der Stimme von Evelyne Maaß und Karsten Ritschl als Harfenspieler.

Anleitung:

Und Du weißt, daß dies die Phantasiereise ist, an Deinen Ort der Ruhe – einen Ort in der Natur – wo Du Ruhe und inneren Frieden erleben kannst – und wo Du auf eine leichte Art in Kontakt sein kannst mit Deiner inneren Kraft-Quelle.

Und erlaube Dir, all das zu tun, was Dich jetzt darin unterstützen wird, daß Du loslassen kannst, was Du loslassen möchtest – so daß Du zur Ruhe kommen kannst – auf Deine Art.

Und wie immer in Deinem Leben kannst Du wählen – wählen, was jetzt für Dich richtig und wichtig ist – ob Du auf Deine ganz eigene Art zur Ruhe kommen magst – Deinen eigenen Gedanken folgen – oder ob Du Dich begleiten möchtest von meiner Stimme und all den Assoziationen, die sie bei Dir weckt.

Und wenn Du magst, kannst Du Dich unterstützen lassen von der Musik – von den Tönen und Klängen – von den Harmonien – um in diesen Zustand von Ruhe und Gelassenheit zu kommen, den Du gut kennst.

Und erlaube Dir, all das zu tun, was Dich darin unterstützen kann – so daß Du mehr und mehr loslassen kannst – mehr und mehr zur Ruhe kommen kannst – mehr und mehr bei Dir sein kannst – mit Deiner ganzen Aufmerksamkeit – und alles, was Du wahrnimmst, kann Dich darin unterstützen. Und die Töne und Klänge – die Musik – die Geräusche hier im Raum – und die Geräusche von draußen und meine Stimme können Dich darin unterstützen – daß Du mehr und mehr nach innen lauschen kannst – auf Deine innere Stimme – auf eine innere Stille.

Während Du mehr und mehr nach Innen lauschen kannst – können die Bilder, Farben und Muster hinter Deinen geschlossenen Augenlidern Dich darin unterstützen, daß Du mehr und mehr nach Innen schauen kannst – auf Deine inneren Bilder – nach Innen schauen auf Dein inneres Licht. Und indem Du nach Innen lauschen und nach Innen schauen kannst – kannst Du Dich Dir zuwenden – und mehr und mehr mit Deiner Aufmerksamkeit bei Dir sein. In Deine Mitte finden. Und Deinen eigenen Rhythmus wahrnehmen – Deinen ganz persönlichen Rhythmus – von Einatmen – und Ausatmen – und wahrnehmen, wo Du die Atempause machen kannst – und zur Ruhe kommen, für einen Augenblick innehalten, und Deinem Körper erlauben zu regenerieren.

Und Dein ganz eigener Rhythmus kann Dich darin unterstützen, daß Du mehr und mehr loslassen kannst – mit jedem Ausatmen ein wenig tiefer entspannen – ein wenig tiefer in diesen gelösten Zustand kommen, tiefer, tiefer loslassen – genau so tief, wie es heute für Dich stimmt.

Mit jedem Ausatmen ein wenig mehr loslassen und Dein Gewicht an den Boden abgeben – Dich tragen lassen – in der Gewißheit, daß die Erde Dich trägt – ganz selbstverständlich – so wie jeden Tag – auch heute hier und jetzt – und Du Dich tragen lassen kannst – und alles, was Du loslassen möchtest – an die Erde abgeben kannst. Und während dies von ganz allein weiter geschehen kann – einfach, weil Du damit begonnen hast – und Dein Körper mit jedem Ausatmen ein wenig mehr entspannen kann – ein wenig mehr loslassen kann – kann Dein Geist hellwach sein und mitkommen auf die Reise zu einem Ort in der Natur – wo Du Ruhe und Frieden erleben kannst.

Und wieder kannst Du wählen, welches heute Dein Ort sein darf – an welchen Ort Du heute mit allen Deinen Sinnen reisen magst – wo Du heute sein möchtest.

Und dann sei mit allen Deinen Sinnen hier an diesem Ort – und schau Dich um, welches ganz besondere Licht hier an diesem Ort das Gefühl von Ruhe in Dir unterstützen kann – welche Farben und welche Formen – und welcher ganz besondere Ausblick dieses Gefühl von Gelassenheit in Dir intensiver werden lassen.

Und während Du noch schauen kannst, was diesen Ort für Dich zu einem ganz besonderen Ort macht, kannst Du lauschen auf die Klänge und Töne – auf die Geräusche hier – an diesem Ort der Ruhe – lauschen auf das, was dieser Ort Dir sagt – und was Dir hier wichtig ist. Und vielleicht gibt es hier eine ganz bestimmte Art von Stille – eine ganz besondere Stille in Dir – oder etwas, was Du Dir innen sagen kannst, wenn Du hier bist. Und Du weißt, was Dich hier berührt – was Dich hier bewegt an diesem Ort – und welches ganz bestimmte Gefühl hierher gehört – und erlaube Dir für einen Augenblick zu genießen, daß Du hier sein kannst – mit all Deinen Sinnen wahrnehmen kannst – welche ganz bestimmte Empfindung hierher gehört – vielleicht eine Bewegung – ein ganz bestimmter Duft – und Du weißt, wie dieses Gefühl von Ruhe in Dir stärker werden kann – vielleicht ist es die Luft, die Du hier atmest – vielleicht ein ganz bestimmter Geschmack, der hierher paßt. Und erlaube Dir einen Moment zu genießen, daß Du hier nichts zu tun brauchst – nur sein – Du sein – ein Teil der Natur sein.

Und dann mache es Dir an diesem Ort – an Deiner Lieblingsstelle ganz bequem – so daß Du all das loslassen kannst, was Du jetzt noch loslassen möchtest – mach es Dir so bequem, daß Du tagträumen kannst – Deine Gedanken vorbeiziehen lassen – kommen und wieder gehen lassen – so daß Du mehr und mehr bei Dir sein kannst – und in Verbindung sein kannst mit dem, was Dir wichtig ist – spüren kannst, wie all das andere ein wenig von Dir abrücken kann, wie Du mehr und mehr in diesen Zustand von Gelassenheit kommen kannst, den Du hier sehr gut kennst.

Erlaube Dir in Gedanken, die Verbindung aufzunehmen zu Deiner Quelle – zu Deiner Kraftquelle, die Dich nährt und speist und unterstützen kann – mit dem Wissen, daß Du Teil bist eines größeren Ganzen. Und nimm wahr, wie Du das spüren kannst – diese Verbundenheit – diese Verbindung – mit Deiner Kraftquelle – und Du weißt, wie Du das für Dich nennst – und was für Dich alles mit dazugehört – vielleicht sind es Farben oder ein ganz bestimmtes Licht – vielleicht sind es Töne und Klänge – oder eine ganz besondere Stille.

Und nur Du weißt, wie sich das für Dich anfühlt – wenn Du in dieser Verbindung bist – diese Verbundenheit wahrnehmen kannst – erlaube Dir, Dich ganz hinzugeben in dieses Gefühl – für einen Augenblick einzutauchen – eintauchen in Farben – in Licht – und Dich einhüllen lassen – einhüllen lassen in Klänge und Töne – Harmonien – und spüren, wie sich das anfühlt, wenn Du Dich einhüllen kannst – und ganz auffüllen – mit diesem Gefühl.

Und erlaube Dir einen Moment zu genießen – was es hier für Dich zu genießen gibt. In diesem Zustand von Verbundenheit sein – und einen Moment nichts tun – nur sein, geschehen lassen – und Dich dem hingeben.

Und mit dem Wissen, daß diese Verbundenheit ein Teil von Dir ist – und Du dieses Gefühl und diese Verbindung mitnehmen kannst – wo immer Du hingehst – mitnehmen kannst in Deinen Alltag – und Du immer dieses Verbundensein mit Deiner Quelle spüren kannst – wann immer Du es brauchst – in diesem Wissen schau

Dich noch einmal an diesem Ort in der Natur um – schaue noch einmal auf den Ausblick und die Farben – das Licht – und lausche noch einmal mit Deinem ganzen Körper diesem Ort nach – den Klängen und Tönen – der Atmosphäre hier – und nimm wahr, was dieses Gefühl von Gelassenheit in Dir intensiver werden läßt.

Und mit dem Wissen, daß Du auch dieses Gefühl in Dir jederzeit wieder erleben kannst – einfach, indem Du an diesen Ort denkst – mit diesem Wissen verabschiede Dich auf Deine Art von diesem Ort der Ruhe – und komme hierher zurück in diesen Raum – mit all Deinen Sinnen und bringe das Gefühl mit – bringe das Gefühl mit in diesen Raum – in Deinen Alltag, und nimm wahr – welcher Deiner Sinne zuerst hierher zurückkommen möchte – vielleicht magst Du blinzeln, um zu schauen, wie das Licht hier ist – vielleicht kannst Du auch hören, wie sich meine Stimme verändert – und wieder die Geräusche hier in diesem Raum wahrnehmen. Und vielleicht gibt es eine Berührung oder eine Bewegung, die Dich wacher machen kann – so wie ein Räkeln oder ein Langmachen – vielleicht gibt es schon so eine Lust, Dich zu dehnen – Dich zu bewegen – und wenn Du magst, kannst Du wieder Deinen eigenen Rhythmus nehmen – um wacher und frischer zu werden – mit jedem Einatmen ein wenig frischer – indem Du Dir vorstellen kannst, daß Du mit dem Einatmen Frische in Dich einströmen läßt – und Dich anfüllen kannst mit Lebendigkeit und Lebenskraft – mit jedem Einatmen ein wenig mehr – Dich anfüllen mit Wachheit und Energie.

Und Du weißt, daß Du nicht gleich ganz hellwach sein mußt, sondern daß Du Deine Zeit dafür nehmen kannst – um in Deinem Rhythmus und auf Deine Art hierher zurückzukommen – hellwach und wieder ganz mit Deiner Aufmerksamkeit außen – jetzt!

Notizen:

4. Spezielle Phantasiereisen

Integration von Erfahrungen

Ziel: Lern-Erfahrungen einen Platz in sich finden lassen, Wissen und Erkenntnisse integrieren, bewußtes und unbewußtes Lernen fördern

Dauer: 35 Min.

Musik: Borbye Nielsen, Torsten: In the Master's Light

Anmerkungen: Das Leben bietet viele Situationen, die Lern-Schätze in sich bergen, Aha-Erlebnisse und neues Wissen und Erkenntnisse erschaffen. – Fortbildungen, Seminare, Workshops, Begegnungen mit Menschen oder Orten, Filme, Bücher, Reisen etc. können vielfach die Sinne, das Denken und das Wundern fordern und fördern. Unmittelbar nach solchen Augenblicken, in denen die Erfahrungen noch „frisch" sind, bietet eine kurze Integrations-Phantasiereise die Möglichkeit, innezuhalten und das Bewußtsein und das Unbewußte einzuladen, die gemachten Erfahrungen zu verarbeiten. In diesem Prozeß kann das Bewußtsein wählen, welchen Themen und Erlebnissen man besondere Aufmerksamkeit schenken möchte. Das Unbewußte kann seine Kreativität einsetzen, um Gelerntes einen Platz in sich finden zu lassen, auf das der Mensch in zukünftigen Situationen zurückgreifen kann.

Wir setzen diese Form von Phantasiereisen gerne am Ende eines Seminars oder einer Ausbildung ein, um den Reisenden die Möglichkeit zu geben, die vielfältig gemachten Erfahrungen für sich zu integrieren.

Anleitung:
Mach es Dir an Deinem Ort wieder ganz bequem – stimme Dich auf Deine Art ein, auf eine Zeit mit Dir, in der Du das Wissen integrieren kannst, daß Du in der gemeinsamen Zeit hier gesammelt hast – und laß wichtige Erfahrungen einen Platz in Dir finden und lade Dein Unbewußtes ein, all das aufzunehmen und anzunehmen, was für Dich und Dein Leben wichtig sein kann.

Und dann nimm Kontakt auf mit Deinem Körper und spüre, an welchen Stellen Du überall in Berührung bist mit dem Boden – und daß die Erde Dich trägt – sicher und fest – und wenn Du magst, kannst Du Dich heute zu einer körperlichen Entspannung einladen – und Du wählst, wie weit Du diese Übungen für Dich mitmachen möchtest – und wie intensiv – und dann kannst Du beginnen, einige Muskelgruppen für einen Moment anzuspannen – ganz bewußt und achtsam – die Spannung halten – und dann genußvoll in der nächsten Minute wieder loslassen und den Unterschied spüren von Anspannung und Entspannung, Experimentieren und Neugierig-sein. Was passiert, wenn Du Deine Beine, Deine Beinmuskulatur für einen Moment anspannst – genau – und dann genußvoll mit dem nächsten Ausatmen loslassen – spüren – und Qualitäten von Ruhe und Entspannung mehr werden lassen – während Dein Körper wie selbstverständlich Raum schaffen kann für Gelassenheit und inneren Frieden, kann auch Dein Geist zur Ruhe kommen – und Du kannst Dich entscheiden, auf welche Art Du heute diesen Punkt der Entspannung finden möchtest, an dem Du spüren kannst, daß es eine tiefe Ruhe in Dir gibt – und Du spürst, welcher Weg heute der richtige für Dich ist. Vielleicht läßt Du Dich mitnehmen von der Musik, den Tönen und Klängen und der Melodie – vielleicht ist es auch das Gefühl, Ruhe zu haben, nichts zu tun – einfach nur sein – oder meiner Stimme zu lauschen, die Dich von außen erreichen und unterstützen kann – und mehr und mehr Gelassenheit und Entspannung zulassen – und dann nimm wahr, wie die Ruhe in Dir mehr werden kann und alles, was Du hörst, Dich darin unterstützen kann, diesen Moment zu genießen – während Du jede Zelle in Deinem Körper spüren **kannst** Du Deinem Tempo, Deinem Rhythmus folgen – und Deinen Atemrhythmus wahrnehmen und spüren, so daß auch hier mehr stärkende Stille entstehen kann. Und Du kannst neugierig erkunden, wo genau in Deinem Körper bereits diese unterstützende Qualität von „bei Dir sein" besonders intensiv gespürt werden kann – und Du kannst Dir erlauben, auf Deine Art und in Deinem Tempo die Zeit mit Dir zu genießen – alle Aspekte Deiner Person einzuladen und einzutauchen in eine Atmosphäre von Gelöstsein und Frieden.

Und dann nimm wahr, welche Gefühle Dich jetzt unterstützen können, diesen Zustand in Dir noch intensiver zu erleben – vielleicht ist es Leichtigkeit – leicht wie eine Feder – oder das Gefühl, innerlich zu fließen – wie ein Fluß – oder verbunden sein mit der Erde – wie ein Baum. Sei neugierig zu entdecken, welche Vorstellungen, welche Farben, welche Ideen Dein Erleben noch intensiver machen. Und Du kannst diesen inneren Zustand weiter genießen – eintauchen in dieses Gefühl – Deinen Rhythmus annehmen – und in Verbindung sein mit Deinem Körper und all dem, was jetzt gegenwärtig für Dich spürbar ist.

Und während Du diesen angenehmen Zustand genießt, kannst Du auf Deine Art beginnen, die Erfahrungen und das Wissen der gemeinsamen Zeit zu integrieren. Indem dies wie von alleine geschehen kann, kannst Du wie in einem Tonfilm noch einmal alle Ereignisse klarer werden lassen, die für Dich wichtig und bedeutsam waren.

Lade Deine Erinnerungen ein, all die Bilder und all die Eindrücke entstehen zu lassen, die Dir wichtig sind. – Was hast Du in der vergangenen Zeit erlebt? Was in dieser Zeit war Dir besonders wichtig? Was hast Du Neues entdeckt und kennengelernt? Und an was bist Du erinnert worden? – Und während dieses für Dich wichtige Wissen einen Platz in Dir finden kann, kannst Du alle Situationen vor Deinem geistigen Auge vorbeiziehen lassen, die Dir jetzt noch präsent sind – große Augenblicke oder kleine Momente, in denen Kontakt da war mit Dir oder mit anderen – Momente des Lachens, der Leichtigkeit – Augenblicke, in denen Du mehr über Dich oder mehr über andere erfahren hast. Was hat Dich bereichert und wo fühltest Du Dich beschenkt? Vielleicht gab es Gespräche zwischendurch – Aha-Erlebnisse – Ideen und Inspirationen – Situationen, in denen Du Dich weiter erlebt hast und größer – intensiver und tiefer. Und all die Erfahrungen, die jetzt vor Deinem geistigen Auge erscheinen, helfen Dir dabei, das Wissen in Dir zu integrieren – ganz selbstverständlich und leicht – einen Platz finden zu lassen in Deinem großen Erfahrungsschatz. Und lade Dein Unbewußtes ein, alle Themen, die Dir wichtig sind, einen Platz finden zu lassen, so daß das Wissen auf eine selbstverständliche Art auch für zukünftige Situationen zur Verfügung stehen kann – und vielleicht bist Du auch schon ein bißchen neugierig, was von dem, was Du hier kennengelernt hast, wirst Du zuerst anwenden und ausprobieren. Und wenn Du magst, kannst Du einen Zielfilm entstehen lassen – wie es aussehen kann, wenn Du dieses Wissen in Deinem Alltag einen Platz finden läßt. Wie siehst Du dann aus? Wie sprichst Du dann? Wie fühlt es sich an? Und vielleicht kann dadurch Dein Alltag spielerischer und leichter werden – abenteuerlicher – indem Du ausprobierst, kannst Du wachsen – und andere Menschen dazu einladen, ihre eigene Größe und Kraft zu erkunden. Vielleicht hast Du auch schon eine Vorstellung, was von dem, was Du hier kennengelernt hast, Dich darin unterstützen wird, Deine Ziele zu leben. – Ein Leben mit Deinen für Dich wichtigen Werten – ein lebenswertes Leben. Und dann schaffe in Deiner Phantasie und Deiner Vorstellungskraft drei Erinnerungshilfen – für Deinen Alltag –, mit denen Du Dich an die Inhalte dieser Zeit erinnern kannst. Welche Gegenstände oder Menschen, welche Situationen können Dich in Deinem Alltag daran erinnern, die Sachen, die Du Dir vorgenommen hast, auszuprobieren – sie anzuwenden – zu spielen und zu experimentieren und damit Deinen ganz persönlichen Weg der Meisterschaft zu gehen – und mit dem Wissen, daß Du diese Hilfestellungen nutzen kannst für Dein Leben – und all das Wissen dieser Zeit in Dir seinen Platz gefunden hat. Bedanke Dich innerlich für die gemeinsame Lernzeit mit einem Dankeschön nach innen – zu Dir – und einem Dankeschön an die, mit denen Du zusammen lernen konntest – die Dich unterstützt haben und die Du unterstützen konntest.

Und dann beginne, Dich wieder hierher zurückzuorientieren – liebevoll und respektvoll – anfangen – Bewegungen oder Berührungen auszuführen, die Dich in Raum und Zeit hier orientieren – wach machen – und energetischer – die Rückreise zu Deinem Wachbewußtsein – und Du mußt nicht sofort präsent und vital sein – kannst Dir einen Moment Zeit lassen – die Energie in Dir stärker werden zu lassen – vielleicht auch mit einem tiefen Atemzug, in Dir Frische und Energie stärker werden lassen – vielleicht auch eine Bewegung oder eine Berührung – ein Räkeln – ein Strecken – all dies kann Dich wacher und wacher machen – und auch der Gedanke daran, daß die Zeit bald kommt, in der Du das Wissen auch ausprobieren kannst – in den Alltag bringen – um es mit den Menschen umzusetzen, die Dir wichtig sind – und Du Dich freuen kannst auf die zukünftige Zeit, in der Du in die Handlung kommen kannst. All dies kann Dich frisch und voller Tatendrang hierher zurückbringen – jetzt.

Notizen:

Tragbarer Kraftplatz

Ziel: Ressourcen stärken und die Integration von Ressourcen, Future pace, positive, stark erlebte Zustände mitnehmen in den Alltag.

Dauer: 15 Min.

Musik: Gibson, Dan: Stream of Dreams

Anmerkungen: Die Gruppe steht im Kreis, jeder so, daß er um sich herum genug Platz hat, um jeweils einen Schritt zur Seite oder nach vorn zu tun. – Eine Spezialphantasiereise „im Stehen". Wir wenden sie gerne zur Integration nach einer besonders intensiven gemeinsamen Zeit an.

Anleitung:

Wenn Du magst, kannst Du Deine Augen auf einen Punkt richten – und den Blick weich werden lassen – so daß Deine Augen ruhen können – oder die Augen schließen – um einen Moment nach innen zu schauen – jetzt – und mit der Aufmerksamkeit bei Dir sein. Und erinnere Dich an eine Situation hier – die Du besonders genossen hast – und während Du eine Geste machst, kannst Du Dir vorstellen, vor Dir ist ein Kreis, den Du in einer ganz besonderen Farbe sehen kannst – mach einen Schritt nach vorn. Mach diesen Schritt nach vorn und nimm dieses Gefühl mit in den Kreis. Und erlaube Dir einen Moment, hier im Kreis zu spüren, welche Qualität das für Dich hat – und dann tritt einen Schritt zurück, so daß Du einen Überblick hast – Du kannst immer wieder einen Schritt zurücktreten, um diese Übersicht, diese Weitsicht zu haben – und um Dich an all das zu erinnern, was für Dich wichtig ist.

Und erinnere Dich an eine Situation hier mit uns allen, die besonders energetisch war, wo Du Dich gespürt hast und Deine Kraft und mach diesen Schritt nach vorn in den Kreis und nimm das Gefühl mit. Erlaube Dir einen Augenblick, zu erleben, wie es ist, wenn Du dieses Gefühl von Kraft und Energie hier in diesem Kreis hast – und dann mach wieder diesen Schritt zurück – für den Überblick und schau noch mal, was für Dich wichtig war – und erinnere Dich an eine Situation hier, die besonders lustig war, wo Humor dabei war, Lachen. Und mach diesen Schritt nach vorn – einen Schritt nach vorn in den Kreis – und nimm den Humor und das Lachen mit. Spüre hier, wie es ist, wenn Du diese Qualität mitnehmen kannst in den Kreis – Humor – und Lachen. Und dann tritt wieder den Schritt zurück und erinnere Dich an eine Situation, die besonders intensiv und tief war. Mach diesen Schritt – Deinen nächsten Schritt nach vorn – in diesen Kreis vor Dir, und nimm das Gefühl mit – die Qualität – die Intensität und Tiefe. Und dann mach wieder diesen Schritt zurück und schau, was noch wichtig war für Dich. Erinnere Dich an eine Situation, wo Du Dich tief verbunden gefühlt hast mit den anderen – oder dem Universum, mit der Weisheit – tief verbunden mit dem Feld – tief verbunden mit dem Leben – tief verbunden mit Dir. Und dann mach diesen Schritt nach vorn – den Schritt in den Kreis hinein und nimm das Gefühl mit – und spüre wie es ist, wenn Du diese Verbundenheit mitnehmen kannst auf Deinem Weg – und dann mach wieder diesen Schritt zurück – und erinnere Dich an eine Situation, die leicht war – voller Frische und Lebendigkeit – Spielen und Freude. Und mach Deinen Schritt nach vorn – nimm dieses Gefühl mit in den Kreis und spüre, wie es ist, wenn diese Leichtigkeit Dich begleiten kann – diese Frische und Lebendigkeit – Dich begleiten kann auf Deinem Weg – bei Deinem nächsten Schritt – begleiten kann in den Kreis, in den Du es mitnehmen möchtest – und spüre noch mal die Qualitäten hier in diesem Kreis – spüre noch mal all das, was für Dich wichtig war – und dann nimm dieses Gefühl und diese Erinnerung mit in Deinen Alltag – in die Zeit, die vor Dir liegt.

Notizen:

Voller Zuversicht in die Prüfung

Ziel: Prüfungsangst in der Zeit vor der Prüfung entmachten und die Energie freisetzen für die Prüfungsvorbereitung

Dauer: 25 Min.

Musik: Serano-Alve, Oliver: Villa Nova Mellow Days

Anleitung:
Mach es Dir an einem Platz ganz bequem, so daß Du all das loslassen kannst was Du jetzt loslassen möchtest. Vielleicht möchtest Du noch Gedanken loslassen – die sich immer wieder um ein bestimmtes Thema drehen und von denen Du weißt, daß sie Dich im Moment nicht unterstützen – so kannst Du sie jetzt gut loslassen – und Dich dem zuwenden, was für Dich wirklich wichtig ist – und bei dem bleiben, was Du im Moment gerne in den Mittelpunkt Deiner Aufmerksamkeit stellen möchtest – und was Dich darin unterstützen wird – in einem Zustand zu sein, der es Dir leicht macht zu lernen – und Dich auf Deine Prüfung vorzubereiten. Vielleicht möchtest Du noch eine Spannung loslassen – eine Anspannung, um Dich in Deinem Körper wieder wohlzufühlen – und Dich in einem Zustand von Gelassenheit – und Ruhe vorbereiten – um all das zu tun, was dazu führen wird, daß Du Deine Prüfung gut bestehst.

Mach es Dir ganz bequem, so bequem, daß Du alles loslassen kannst, und nimm wahr, wo Du jetzt Kontakt zum Boden hast – wo Du in Berührung bist mit der Erde – und wo Du Dich tragen lassen kannst – ganz bewußt Dein Gewicht abgeben – ganz bewußt die Muskeln loslassen, die Du jetzt nicht brauchst – spüren, wo Du in Kontakt bist mit der Erde – und was Du mit jedem Ausatmen noch ein wenig mehr lockern und lösen kannst – und loslassen. Vielleicht magst Du bei Deinen Füßen beginnen – Deine Füße anspannen und mit dem Ausatmen loslassen mit dem Wissen, daß sie getragen werden – und indem Du Deine Waden wahrnehmen kannst – auch hier – anspannen und loslassen mit dem Ausatmen – spüren, wie Deine Waden weicher werden können – sich entspannen, um dann Deine Oberschenkel –

und auch hier anspannen und loslassen – mit dem Ausatmen Deine Beine eine Position finden lassen – so daß sie einen Moment ausruhen können – und indem Du an Dein Becken denkst, kannst Du spüren, was Du hier loslassen möchtest, und mit dem nächsten Einatmen alles anspannen, einen kurzen Moment halten – und dann mit dem Ausatmen lösen, was Du hier im Becken lockern und lösen möchtest – und während dies von ganz allein weitergehen kann, kannst Du mit Deiner Aufmerksamkeit Deinen Rücken wahrnehmen, spüren, wo überall Du Kontakt hast zur Erde – und all die kleinen Muskeln anspannen – und dann bewußt loslassen, bis zu Deinen Schultern – wahrnehmen, was Du hier an die Erde abgeben möchtest, welches Gewicht Du von Deinen Schultern abgeben magst – und ganz bewußt mit dem Ausatmen loslassen – so daß Du Deine Arme und Deine Hände spüren kannst – anspannen mit dem Einatmen – den Atem und die Spannung einen Augenblick halten – und dann einen Platz finden lassen, wo sie zur Ruhe kommen können, und auch hier alle Anspannung gehen lassen – mit dem Ausatmen – loslassen – entspannen – tiefer und tiefer loslassen. So daß sich so ein Gefühl von Gelöst-sein in Dir ausbreiten kann – bis hinein in Deinen Nacken – und Du spüren kannst, wie sich das anfühlt, wenn Du hier loslassen und entspannen kannst. Entspannen bis hinein in Deinen Kopf, so daß Du spüren kannst, wie es ist, wenn dieses Gefühl von „Loslassen und Gelöst-sein“ Dein Gesicht erreicht – und bevor Du alles hier losläßt, kannst Du noch einmal den ganzen Körper und Dein Gesicht anspannen – und dann mit dem Ausatmen loslassen – Deine Stirn glatter – und Deine Augen entspannt – und all die kleinen Muskeln rund um Deine Augen gelöst – Deine Wangen ganz weich und warm – Deine Lippen gelöst – Dein Kinn entspannt – und Du kannst spüren, wie dieses Gefühl von Entspannt-sein sich in Dir ausbreitet – in Deinem ganzen Körper – in Deinem Kopf – und Du Dich einen Augenblick von Deinem eigenen Atemrhythmus wiegen lassen kannst – in Deinem ganz persönlichen Rhythmus – und Du Dir erlauben kannst – mit jedem Ausatmen mehr und mehr in diesen Zustand zu kommen – und während dies von allein geschehen kann, einfach dadurch, daß Du es jetzt begonnen hast – kannst Du ganz hellwach sein und mitkommen an einen Ort der Ruhe und Geborgenheit – einen Ort, den Du kennst – an dem Du Ruhe und Frieden erleben kannst – jetzt ... – erlaube Dir einen Ort zu wählen – und mit all Deinen Sinnen an diesem Ort zu sein – für einen Augenblick zu spüren, daß Du hier nichts zu tun brauchst – nur sein.

Einen Augenblick loslassen, was Du zu tun hast – oder zu müssen glaubst – loslassen und hier einen Augenblick zur Ruhe kommen – und Du kennst diesen Ort – wo dieses Gefühl von Ruhe und Frieden in Dir ganz intensiv sein kann – und schau Dich um, was es hier zu sehen gibt – welche Farben – welches Licht – welche Formen – was es hier zu sehen gibt, das Dich darin unterstützen kann, ganz bei Dir zu sein – so daß Du zur Ruhe zu kommen kannst – und während Du noch schaust, kannst Du schon die Töne und Klänge wahrnehmen – die Geräusche, die hierher gehören – und all das kann Dich unterstützen, daß Du dieses Gefühl von Ruhe und Gelassenheit noch intensiver erleben kannst. Vielleicht gibt es ja einen ganz bestimmten Duft, der dieses Empfinden unterstützen kann. Vielleicht gibt es einen ganz bestimmten Geschmack, der hierher paßt – und erlaube Dir, einen Moment zu genießen – Du kannst jetzt mit allen Sinnen an diesem Ort sein – dieses Gefühl erleben – mehr und mehr in diesen Zustand von Gelassenheit und Ruhe kommen – und mach es Dir hier an Deinem Lieblingsplatz ganz bequem – so bequem, daß Du einen Moment tagträumen kannst – so daß Du Muße hast, einen Moment zuzuhören – eine Geschichte zu hören, von einem Vertrauenszauber:

„In einem fernen Land – direkt vor unserer Haustür – hier und jetzt oder in der Sternenzeit kannte ich einmal ein Volk voller Zauberer.

Es gab Junge – Übermütige – voller Witz und Frechheit – Männer und Frauen – Ruhige – die aufmerksamen Zuhörer – Experimentierfreudige – Lebensfreudige – Neugierige – Lernende ... Sie alle verband die Liebe zur Zauberei. Und sie hatten etwas gelernt in ihrer Zauberlehrlingszeit, so daß sie von ihrem Zauberhandwerk etwas verstanden – jeder auf seine Art und Weise.

Um die neusten Zaubertricks kennen- und könnenzulernen, trafen sie sich viele Jahre lang täglich zur Zauber-Theorie und zur Zauber-Praxis. Hier übten sie mit Hingabe, Neugierde und Spaß die allerneusten Zaubermethoden, wie ...

*(**hier bitte die gelernten Inhalte einfügen**, wie z.B. für Bio- und Chemielaboranten: ... wie „organische und anorganische Zauberei", „den Umgang mit den Zauberformeln", „die Ressourcen aus der Retorte zaubern", die „große Sortier-Technik feinster Werkzeuge" und „die Pyramide der feinsten Daten")*

Die meiste Zeit hatten sie viel Spaß am Experimentieren, und je besser sie ihr Zauberspezialgebiet kennenlernten, desto mehr wagten sie auszuprobieren.

Aber eines Tages – niemand weiß, wie und wann genau – fanden die dunklen Mächte einen Weg, um die Freude am Experimentieren zu untergraben.

Sie verkündeten – natürlich nur als Gerücht –, daß am Ende der normalen Zauberlehrzeit ein furchtbares Ereignis stattfinden soll: PRÜFUNG!

Dies war eines der verzauberten Worte wie Zahnarzt, Abwaschen, Berufsschule und Strafzettel, daß ganz oben auf der schwarzen Wortliste stand.

Seit die dunklen Mächte diese Idee in die Hinterköpfe der Zauber-Gemeinde eingeschmuggelt hatten, fragte sich der eine oder andere Zauberer immer wieder: „Wie werde ich die Prüfung bestehen?"

Da es ein mächtiges Wort von der schwarzen Zauberliste war, fiel den meisten nicht sofort ein Gegenzauber ein. Einige kamen dennoch auf die Idee, das Wort in Sonnengelb und Regenbogen-Farben einzuhüllen, um es zu verwandeln.

Sie atmeten es ein und aus und bewegten es in ihrem Herzen, und mit der Entspannung bekam es eine neue Qualität.

Andere hatten den Gedanken, es mit einem Stimmungszauber zu entmachten: „Du bist ganz ruhig – Du erreichst Dein Ziel – Dein Gedächtnis erinnert sich an alles, was Du wissen mußt", so murmelten sie vor sich hin, erfanden Melodien, um es zu singen, und sangen schließlich auch das Wort Prüfung in den unterschiedlichsten Variationen: „Prühüfuhuhung!"

Wieder andere reisten an innere Kraftplätze, die sie überall mit hinnehmen konnten, um bei der Arbeit geschützt zu sein, und so fühlten sich die meisten der Zauberlehrlinge durchaus in der Lage, dieser Magie zu begegnen.

Und dennoch blieb ein kleiner Zweifel, ob ihre Zauberkräfte ausreichen würden, um sich zu behaupten. In kleinen exklusiven Zauber-Zirkeln tauchte immer wieder die Frage auf: „Wie wirst Du Dich vorbereiten?"

Sollten sie der Meister-Matrix vertrauen, die da besagt: *Du hast alles, was Du brauchst, bereits in Dir, und wenn nicht – kannst Du fragen!*

Um ganz sicher zu sein, arbeiteten sie an einem großen Vertrauenszauber, der da heißt: *Eine gute Lehre ist eine gute Vorbereitung!*

Und nur die ganz Vorsichtigen entwickelten einen Prüfungszauberspruch von außerordentlicher Kraft und Energie:
Du bestehst Deine Prüfung mit Freude,
indem Du Dich regelmäßig vorbereitest,
nachdem Du für genügend Pausen gesorgt hast,
während Du Spaß hast,
obwohl Du nicht alles genau weißt,
weil Du noch viel vorhast in Deinem Leben,
genauso wie Du jeden Tag aufwachst.

Ausgerüstet mit einem Stein der Weisen bestanden natürlich alle diesen kleinen Test und noch Jahre später lachten Sie über diesen plumpen Angriff der schwarzen

Magie und wurden in die große Zauberfamilie aufgenommen. Und Generationen von jungen Zauberinnen und Zauberern konnten von ihren Erfahrungen profitieren.

... – und dann laß die Geschichte in Dir nachklingen und nimm wahr, wie Du Vertrauen spüren kannst – und was Dich darin unterstützen kann, daß Du all das, was Du schon weißt, jederzeit zu Deiner Verfügung hast – dann, wenn Du es brauchst. Nimm wahr, was in Dir als Antwort da ist – was Dir ermöglichen wird, in genau dem Zustand zu sein, um in der Prüfung ganz selbstverständlich in Kontakt zu sein mit Deinem Wissen und Deiner Weisheit – und erlaube Dir, dem, was Du wahrgenommen hast, zu vertrauen – und diese Impulse in Dein Handeln mit einfließen zu lassen – ganz selbstverständlich immer wieder – auch heute – hier und jetzt. Und mit dem Wissen, daß Du alles, was Du brauchst, bereits in Dir hast – mit diesem Wissen verabschiede Dich von diesem Ort der Ruhe – und bringe das Gefühl von Gelassenheit – und Gelöstsein mit hierher zurück. Bringe dieses Gefühl mit hierher zurück – in diesen Raum – in diese Zeit, die vor Dir liegt – mit dem Wissen, daß Du jederzeit auch dieses Gefühl von Gelassenheit wieder aktivieren kannst – indem Du an diesen Ort denkst – vielleicht, indem Du Dir einen Augenblick Zeit nimmst und spürst – wie sich Dein Körper anfühlt – und ganz bewußt loslassen kannst, was Du loslassen möchtest – oder mit einem tiefen Atemzug eintauchen in dieses Gefühl von Gelassenheit. Mit diesem Wissen komm wieder hierher zurück – mit all Deinen Sinnen in Deinen Alltag – in Deine Vorbereitung. Und wenn Du magst – kannst Du Dich jetzt schon ein klein wenig bewegen, eine Berührung finden, die Dich wieder wach macht – Dich räkeln wie eine Katze nach einem wunderbaren Schlaf in der Sonne – ganz genußvoll – Deinen Körper wieder ganz bewußt wahrnehmen – und all das tun, was Dich darin unterstützt, daß Du Dich wohlfühlen kannst in Dir – vielleicht blinzeln – um das Licht wahrzunehmen hier – und die Ohren wieder hierher orientieren – um zu lauschen – welche Töne und Klänge und Geräusche Dich jetzt hier mit Deiner ganzen Aufmerksamkeit in diesen Raum holen – so daß Du ganz hier sein kannst – wach und lebendig – und voller Energie, etwas zu tun – und Du weißt, was jetzt der nächste Schritt ist – was das erste ist, was Du tun wirst – und was Du tun kannst – immer wieder.

Notizen:

Gewinner sein

Ziel: Selbstwert stärken, sich wertgeschätzt fühlen.

Dauer: 30 Min.

Musik: Merlin's Magic: Reiki (Volume I)

Anmerkungen: Diese Phantasiereise ist etwas anders als die gewohnten Reisen von Maaß/Ritschl. Für eine solche Reise ist die Gruppe bereit, wenn zwischen dem Anleiter und den Teilnehmerinnen und Teilnehmern ein guter Rapport besteht.

Anleitung:
Und Du weißt, daß dies Deine Zeit ist – der Moment, wo Du mit Dir sein kannst und Dich den Dingen zuwenden, die für Dich wichtig sind – wahrnehmen kannst, was im Moment für Dich von Bedeutung ist – und indem Du Dich mehr und mehr nach innen wenden kannst mit Deiner Aufmerksamkeit und all das andere draußen loslassen kannst – kannst Du diesen Weg gehen, den Du gut kennst – einen Weg nach innen zu Dir – einen Weg, den Du gerne gehst – wenn Du ihn gehst. Und wenn es für Dich stimmt, kannst Du Dich begleiten lassen von meiner Stimme – begleiten lassen an einen Ort voller Magie und Abenteuer – an einen Ort, wo Du ein Geheimnis erfahren wirst über Dich – und über Deine Bestimmung – hier auf der Erde. Und beginne diese Reise an einem Platz zu Hause, der Dir ganz vertraut ist – an einem Ort, den Du sicher kennst und an dem Du gerne bist – genieße Deine Bewegungen und die vertrauten Düfte – spüre die Luft um Dich herum und dieses Gefühl, in einer sicheren, bekannten Umgebung zu sein – lausche den vertrauten Geräuschen und genieße, was es hier zu genießen gibt.

Während Du noch dieses Gefühl von Heimat spüren kannst, entdeckst Du einen ganz neuen Weg – einen Weg, den Du vorher noch nie bemerkt hast – Du bemerkst ihn heute, weil er in der Sonne glitzert – und fast scheint es Dir, als wolle er

Dich rufen. Erst ein wenig zögerlich – aber dennoch neugierig – machst Du Dich auf den Weg und kannst Dich von dem Glitzern und dem Licht leiten lassen. Und indem Du Dich fragst, was dieser Weg Dir wohl Neues bringen mag, kannst Du weiter und weiter dem Licht folgen – und mit jedem Schritt kannst Du spüren, wie Deine Kraft und Deine Energie steigen. Und je weiter Du kommst, desto sicherer kannst Du Dich fühlen, und dieses ganz unbestimmte Gefühl, auf dem richtigen Weg zu sein, kann immer intensiver werden – intensiver werden wie das Licht, das Dich begleitet – und es scheint fast so wie ein Tor zu sein, durch das Du in eine andere Welt hineingelangen kannst – neugierig und voller Zuversicht betrittst Du einen Garten – hier lohnt es sich, all die neuen Formen und Farben anzuschauen, die Dich hier umgeben – ein ganz neues und doch vertrautes Gefühl – so als ob Du hier schon einmal warst – früher einmal – oder in Deinen Träumen – Du kennst hier Geräusche, die Du noch nie gehört hast – Du weißt hier Dinge, die Dir unbekannt sind – und alles hier hat seinen ganz eigenen Zauber – seine ganz eigenen Fragen – seine ganz einzigartigen Antworten.

Während Du noch staunen kannst über die Vielfalt – Pracht – und Fülle, bemerkst Du einen Palast, der in der Sonne leuchtet – und der Dich magisch anzieht. Und weil Du weißt, daß dies hier Dein ganz besonderer Ort ist, hast Du den Mut, diesen Palast zu erkunden. Mit Neugierde betrittst Du die erste Halle – und bist überwältigt von der Größe und der Weite – und auch die Form ist neu und genial. Die Farben und Klänge hier haben eine enorme Kraft, und Du kannst die Energie spüren, die diesen Raum anfüllt – und hier kannst Du ein wenig ausruhen und Dich mit dieser Energie füllen lassen. Und nachdem Du Dich hier erfrischt hast und Dich verwöhnen lassen konntest – machst Du Dich auf die Suche nach dem weisen Ratgeber, der hier in diesen Gemächern leben soll – all diese Schätze hier – all die Schönheit machen Dich schon sehr neugierig – auf diesen Menschen – auf die Weisheit – und auf die Antworten, die Du hier bekommen wirst. Und weil Du auf der Suche bist, fallen Dir immer mehr wichtige Fragen ein, die Du diesem Weisen stellen möchtest. Daß Du mehr und mehr Fragen in Dir findest, das bewirkt, daß Du Dich immer zielsicherer in diesem Palast bewegst, und so stehst Du schon nach kurzer Zeit vor dem großen Tor zu einem Raum – und Du weißt auf eine ganz elementare Weise, daß dies der Weg zu diesem weisen Menschen ist.

Nach einem tiefen und entspannten Atemzug gehst Du hinein und näherst Dich dieser weisen Gestalt mit einer Dir eigenen Ehrfurcht und Wertschätzung. Alles hier strahlt eine besondere Würde und Größe aus. Die Stille, die Dich hier umgibt, hat eine vertraute innere Tiefe, die Dich erinnert an Ur-Zeiten und den Ur-Grund der Stille überhaupt – das Licht hat hier eine Farbkraft, die Dich einlädt, hineinzutauchen und Dich einhüllen zu lassen – die ganze Atmosphäre hier heißt Dich willkommen, alles hier kann zu dem Gefühl beitragen, endlich angekommen zu sein – hier sein – einfach sein.

Und bevor Du eine Deiner Fragen stellen kannst, wendet sich dieser weise Mensch Dir zu – lächelt – heißt Dich mit einer Geste und einer Berührung willkommen, und mit seiner klingenden, kraftvollen und doch sanften Stimme beginnt er mit Dir zu reden: „Bevor Du Deine wichtigste Frage für heute an mich stellen kannst, möchte ich Dir erst eine kleine Geschichte erzählen, wie alles begann mit Dir."

„Erinnere Dich an eine Zeit, als Du noch ein Funkeln im Auge Deines Vaters warst – eine Zeit, als Du nur als Gedanke existiert hast – als Idee – als Liebe – dies war ein Moment von großer Intensität, von Lebendigkeit und Aufregung, und Du wußtest, es kann etwas ganz Wunderbares passieren – und damals, weißt Du noch, als Du mit vielen anderen an einem Ort warst, wo ihr Euch gemeinsam bereitgemacht habt auf eine Reise zu gehen – auf ein Wettrennen – wie war es, sich mit den anderen vorzubereiten auf den Startschuß mit dem Gefühl, daß es gleich losgehen kann – und auch gleich losgehen soll – und dann plötzlich – der Startschuß: Es kommt Bewegung in die Gruppe, und wie auf ein verabredetes Zeichen seid ihr alle unterwegs – und es gilt, das Leben zu gewinnen – und Du weißt genau, welches Dein Weg ist und auf welche Art Du Dich bewegen kannst, um an Dein Ziel zu kommen.

Du kennst Deinen vorgezeichneten Weg und weißt, daß Du mit all den anderen unterwegs bist und wie Du mehr und mehr an die Spitze dieser Gruppe kommen kannst – denn Du weißt, ganz am Ende wartet ein großartiges Geschenk auf Dich – ein wunderbares Geschenk: Dein Leben. – Du hast nur eine Ahnung – eine Richtung – wie ein kleines Ziel – ein Licht, das Dich lockt, aber Du weißt genau, daß es sich lohnt – tief in Dir hast Du die Gewißheit, daß Du alle Deine Kräfte mobilisieren kannst, um hier und heute zu gewinnen – und Du gibst alles – gibst alles, was Du geben kannst in diesem Wettlauf und läßt alle anderen hinter Dir – die potentiellen Schönheitsköniginnen – die zukünftigen Spitzensportler – die erlauchten Nobelpreisträger – die vielen zukünftigen denkbaren Genies – und in dem Augenblick, wo Du wahrnimmst, daß Du an all diesen vorbei bist, kannst Du bemerken, daß hinter Dir eine Lücke entsteht – als wenn es Freunde gibt, die Dich unterstützen – so daß Du unbehelligt und frei Deinen Weg finden kannst – nach vorne stürmen – weiter und weiter Deinem Ziel entgegen – Deiner Bestimmung entgegen – da gibt es keinen Moment des Zögerns, einfach nur Wollen und Wagen – und einen Moment von Freude und Stolz, angekommen zu sein – und mit diesem Gefühl zu wissen: „Du bist angekommen" – erlaube Dir einfach, Dich zu zeigen, als Sieger, als Siegerin – Dich zu präsentieren – Du hast gewonnen – und gib Dich hinein – in die

Gebärmutter, und zeig Dich als der Beste, als die Beste – gib Dich hinein in diese Verschmelzung – und indem Du Dich hingibst in diese Vereinigung kannst Du spüren, wie es ist, angekommen zu sein – angekommen zu sein und zu verschmelzen mit einem Teil, der zu Dir gehört – mit einem Teil, der voller Zuversicht auf Dich gewartet hat – mit einem Teil, mit dem Du von jetzt an immer eins sein wirst. Das ist der Moment, von dem an Du weißt, wie es ist, verbunden zu sein – diese Verbindung zu spüren und was daraus entstehen kann – das ganze Potential – das ganze Leben."

Noch eine ganze Weile, nachdem Du diese Geschichte gehört hast, kannst Du hier in Gemeinsamkeit mit dem Erzähler sein und Dich erinnern an Dein Leben und die Fragen, die sich daraus ergeben haben.

Mit einem geheimnisvollen Lächeln schaut der Weise Dich an und ganz von allein entsteht die wichtige Frage in Dir, und voll Staunen kannst Du Dich fragen hören, was im Moment für Dich von Bedeutung ist.

Und noch wunderbarer kann die Antwort sein, die Du jetzt erhalten kannst – Bilder – Symbole – Farben – Worte – Klänge – eine Melodie – ein ganz bestimmtes Gefühl – eine tiefe Gewißheit – eine Bewegung – eine Berührung – alles hat Sinn – alles hat magische Kraft – und nur Du weißt, was es für Dich bedeutet.

Solchermaßen beschenkt, kannst Du auf Deine Art Deine Dankbarkeit zeigen und Deine tiefe Wertschätzung. Und wenn Du das Gespür für den Moment des Abschieds – für heute – gefunden hast, dann mache Dich auf Deinen Weg nach Hause – angefüllt mit Erlebnissen – beschenkt mit neuen Erfahrungen – gestärkt mit den Schätzen, die Du hier gefunden hast.

Auf Deinem Weg zurück kannst Du noch einmal die Energie genießen und mitnehmen, was Du im Alltag davon gebrauchen kannst. Du kannst Dich noch einmal einhüllen lassen in die Farben und die innere Stille und den Frieden dieses Ortes mitnehmen als Erinnerung. Und alles, was Du hier erlebt hast, kann einen Platz in Dir finden und Dich begleiten überall hin – jetzt.

Und indem Du dreimal tief ein- und ausatmest, kannst Du diesen Weg von innen nach außen gehen – mit jedem Atemzug ein wenig wacher – und wacher. Und nimm Dir Deine Zeit, hier wieder ganz anzukommen – mit allen Sinnen – in diesem Raum – mit Deiner ganzen Aufmerksamkeit.

Notizen:

Im Kontakt mit Deinem Baby

Ziel: Geborgenheit erleben, sich in Kontakt mit dem Leben fühlen, in Kontakt sein mit dem Leben, das in Dir entsteht.

Dauer: 25 Min.

Musik: Coopes, Simon: Musik for the Womb for Babies and Parents

Anmerkungen: Diese Phantasiereise ist entstanden in Evelynes Ausbildung zur Geburtsvorbereiterin und Yoga-Lehrerin für Schwangere und ist inspiriert von Bettina Stülpnagel. Schwangere sollten bei Phantasiereisen eine Seiten-Lage einnehmen, um die Blutzirkulation zu allen Zeiten zu garantieren (unterer Arm hinter dem Körper, unteres Bein gerade, oberes Bein angewinkelt und den Fuß in der Kniekehle des anderen Beines abstützen). Auch Nicht-Schwangere können diese Phantasiereise mitmachen und in einen Zustand innerer Geborgenheit reisen. Vielleicht ist der eine oder andere mit einem Projekt oder einer Idee „schwanger".

Anleitung:
Mach es Dir an einem Platz Deiner Wahl ganz bequem – so bequem, daß Du zur Ruhe kommen kannst – und loslassen kannst – und sei Dir bewußt, daß dies Deine Zeit ist – die Zeit, die Du mit Dir und Deinem Kind verbringen kannst – eure gemeinsame Zeit. Eine Zeit der Verbundenheit und Nähe – die Zeit, die den Kontakt und die Liebe zwischen euch intensiver werden lassen kann. Bemerke, bis wohin Dein Atem fließt – und lasse diese Bewegung durch Deinen Bauch – durch Deine Brust fließen – und lasse diese Bewegung ganz fein – weiter durch Deinen Körper fließen – bis in Dein Becken – bis in Deine Beine. Und Du kannst Dich ganz allmählich mit Ruhe füllen.

Und Du bist Dir bewußt, daß Du mit jedem Ausatmen etwas Altes gehen lassen kannst – und jedem Einatmen kannst Du Raum schaffen – für Neues – Raum schaffen für die Liebe in Dir – Raum schaffen für die Liebe zu Deinem Kind – und zu dem Leben, das in Dir entsteht.

Gib Dir Raum für Neues – gib Dir Raum für neue Erfahrungen – für neue Qualitäten – und sei Dir bewußt, daß Du Lebenskraft einatmen kannst – und diese Lebenskraft kann Dich füllen – sie kann Dich füllen bis in jeden Muskel – bis in jede Zelle.

Und es ist gut zu wissen, daß Du Dir alles gönnen kannst – was Dich darin unterstützen wird, daß Du loslassen kannst – was es Dir erleichtern wird, daß die Ruhe – und Entspannung – in Dir größer werden kann. Es ist gut zu wissen, daß Du Dir diesen Luxus gönnen kannst – in dem Wissen, daß er Qualität für Dich und Dein Kind entstehen läßt – und während diese Ruhe in Dir mehr und mehr werden kann – kannst Du in diesen Raum der inneren Geborgenheit gehen – in diesen Raum – der Dich stützen und stärken kann – und wahrnehmen, wie es sich anfühlt, beschützt zu sein – getragen zu werden – für einen Augenblick einfach nur zu sein – hier sein – diesen inneren Raum wahrnehmen – diese innere Zeit wahrnehmen – diese innere Qualität wahrnehmen – und wahrnehmen, was Dich nährt und stärkt – was Dir gut tun und Dich unterstützen und heilen kann.

Und hier hast Du Raum und Zeit, mit Deinem Kind in Kontakt zu sein – spüre hinein in Dein Becken – in diese Schale – in der Leben entstehen kann – spüre hinein in diesen Raum – in dem Dein Kind getragen wird – spüre hinein in diesen Ort, in dem Leben in Dir entsteht – und wachsen kann – und Du dieses Wunder in Dir erleben kannst – täglich spüren kannst – wie etwas Neues entstehen kann – wie Du guter Hoffnung sein kannst, daß ein neues Leben entsteht in Dir.

Nimm Kontakt zu Deinem Kind auf – und spüre, wie ihr verbunden seid – auf vielfältige Art verbunden – ganz körperlich durch die Nabelschnur – ganz fein durch die Liebe. Nimm wahr, auf wie vielfältige Art Du diese Verbindung spüren kannst – um diese Verbindung weißt – um diese Verbindung wissen kannst.

Und erlaube Dir, wahrzunehmen, was diese Verbindung im Moment stärken kann – was diese Verbundenheit – für euch beide – noch wichtiger machen kann – noch intensiver. Und vielleicht kannst Du Dir vorstellen, wie Du über Deine Nabelschnur kleine Perlen von Liebe und von Unterstützung schicken kannst – Dir vorstellen, wie durch Deine Nabelschnur kleine Perlen von Licht – von Wärme – und von Achtsamkeit fließen – Perlen der Unterstützung – von Lebensqualität – und daß Nähe entstehen kann – und Geborgenheit für euch beide.

Erlaube Dir, einen Augenblick einfach nur zu sein – verbunden zu sein – und zu wissen, daß Du nähren kannst – mit Liebe und Achtsamkeit – Wärme – daß Du viel zu geben hast – und nimm wahr, wieviel Du allein dadurch bekommen kannst

– und bekommen wirst. Erlaube Dir, Dich einen Moment diesem Gefühl hinzugeben – und dem, was da in Dir entsteht – was da ist – was jetzt in Dir Raum hat. Und öffne in Dir, was das Leben unterstützen kann – all das weiterzugeben – was es unterstützen kann, daß hier eine neue Lebensqualität entsteht.

Während Dein Kind schon jetzt wahrnehmen kann: Du bist willkommen! Schon jetzt die Botschaft bekommen kann: Du wirst geliebt – und Du wirst erwartet – du bist erwünscht – du bist jetzt schon ein wertvoller Bestandteil unseres Lebens.

Und erlaube Dir, noch einen Augenblick zu genießen – die Zweisamkeit – und du weißt, daß du nichts zu tun brauchst – einfach nur du sein – weil: Du bist genau richtig, so wie du bist – Dich einen Augenblick dem hingeben – spüren und wahrnehmen, daß Du in Verbindung bist mit etwas größerem Ganzen – mit dem Leben selbst – mit dieser ungeheuren Kreativität und Vielfalt – mit diesem Prozeß des Lebens – des Werdens – mit dem, daß etwas Neues entstehen kann. Und spüre noch mal diesen Raum der Geborgenheit in Dir – dieses innere Wissen – daß Du beschützt bist – daß Du getragen wirst durch den Strom des Lebens – spüre noch mal die ganze Qualität, die diese Situation für Dich bereithält.

Und Du kannst diese Ruhe – und diese Qualität mitbringen – indem Du jetzt zwei bis drei tiefe Atemzüge nimmst – und bemerken kannst – bis wohin Dein Atem fließt – und diese Bewegung durch Deinen Bauch – und durch Deine Brust fließen kann – und ganz fein weiter durch Deinen Körper fließen lassen – bis hinein in Deinen Kopf – bis hinein in Deine Arme – und Deine Fingerspitzen – und ganz mit Deiner Aufmerksamkeit wieder hierher zurückkommen – hierher in diesen Raum – hierher zu den Geräuschen – und Tönen und dem Wissen, daß andere da sind – hierher zu diesem Licht, in dem Du blinzeln kannst und schauen, was es hier jetzt zu entdecken gibt – und dieses Gefühl mitbringen – denn Du weißt, Du kannst dieses Gefühl immer wieder in Dir erleben – und immer wieder mitnehmen in jede Situation hinein – Du kannst dieses Gefühl und diese Verbundenheit die ganze Zeit erleben.

Notizen:

Ein Experiment mit der Zeit

Ziel: Zeitempfinden, innere und äußere Zeit in Einklang bringen

Dauer: 25 Min.

Musik: Evans, Gomer Edwin: Visionen (aus der Reihe: „Entspannungsmusik für Führungskräfte")

Anmerkungen: Dies ist eine fraktionierte Phantasiereise. Die Zuhörer werden durch kleine Experimente auf die Reise nach innen vorbereitet. Sie sind jedoch schon Bestandteil der Reise. Das Thema ist das subjektive Zeitmanagement. Die fraktionierte Form einer Phantasiereise kann natürlich auch für andere Themen angewandt werden – immer dann, wenn Menschen behutsam auf innere Erfahrungen hingeführt werden wollen. Man kann dann gut beobachten, wie weit die einzelnen Menschen mitgehen und wann es für diesen Moment vielleicht auch reicht.

Anleitung:

Und wir werden jetzt eine kleine Konzentrations-Übung machen – ein Experiment mit der Zeit – mit dem subjektiven Zeiterleben.

Machen Sie es sich jetzt auf Ihrem Stuhl ganz bequem, so daß Sie eine Weile so sitzen bleiben können und in Ruhe genießen können, daß die Zeit vergeht. Machen Sie es sich so bequem, wie es im Moment auf diesem Stuhl möglich ist, und für manche ist es gut zu wissen, daß ihr Handy ausgeschaltet ist und sie jetzt einen Augenblick Zeit haben – mit ihrer Aufmerksamkeit hier in diesem Raum zu sein – bei sich zu sein – mit ihrer Aufmerksamkeit nach innen zu gehen. Spüren Sie noch mal den Kontakt zum Boden und wie sicher Sie auf dem Stuhl sitzen – daß Sie sich anlehnen können, in der Gewißheit, daß der Stuhl Sie tragen wird – ganz selbstverständlich, so wie jeden Tag – und auch, wenn Sie jetzt ein oder zwei tiefe Atemzüge nehmen, können Sie sich sicher auf diesem Stuhl fühlen und mit Ihrer Aufmerksamkeit nach innen gehen, um ein kleines Zeitexperiment zu machen.

Und ich werde Ihnen gleich einen kleinen Zeitraum anzeigen mit einen Gong – den Zeitraum von einer Minute. Sie können während dieser Zeit überprüfen, inwieweit Ihr eigenes Zeitempfinden mit der äußeren realen vergangenen Zeit übereinstimmt. Stellen Sie sich darauf ein, jetzt eine Minute nur wahrzunehmen und zu entscheiden, was in Ihrem inneren Erleben für eine Minute steht.

Gong – (eine Minute vergehen lassen) – Gong

Und vielleicht haben Sie schon früher gedacht, daß die Minute vorüber ist – vielleicht haben Sie aber auch noch gar nicht gedacht, daß die Minute vorbei ist, oder vielleicht haben Sie fast genau zeitgleich mit dem Gong dieses Gefühl gehabt, nun sei eine Minute vergangen. Und es ist ganz genau in Ordnung, wie es jetzt für Sie war – wir können weiter experimentieren und Sie können dieses Gefühl von Sicherheit, daß die innere Zeit mit der äußeren Zeit übereinstimmt – einüben – mehr und mehr – jeden Tag ein wenig mehr – so daß Sie jederzeit einen Einfluß auf ihr subjektives Zeiterleben haben können.

Lassen Sie uns nun einen weiteren Versuch mit der Zeit von einer Minute machen. Wenn Sie jetzt den Gong hören – denken Sie eine Minute an etwas ganz Besonderes – Schönes – in Ihrem Leben – eine Situation, die Sie sehr genossen haben. Erinnern Sie sich an Momente des Glücks.

Gong – (eine Minute vergehen lassen) – Gong

Und nun wieder einfach wahrnehmen, was für Sie wichtig ist, damit innere und äußere Zeit übereinstimmen. Bei dem nächsten Versuch geht es darum, herauszufinden, was passiert, wenn Sie sich innerlich die Erlaubnis geben, jetzt nichts zu müssen, nichts zu wollen, nichts erreichen zu müssen, nichts zu tun.

Und Sie können sich auf Ihre eigene Art die Erlaubnis geben – wenn Sie mögen, nach innen hinein mit einem inneren Dialog und sich selbst erlauben: „Du mußt jetzt nichts tun" – und einfach nur sein – wahrnehmen, wie die Zeit vergeht, nichts erreichen – nichts bewirken – einfach nur sein ...

Gong – (eine Minute vergehen lassen) – Gong

Und dann nehmen Sie noch einen oder zwei tiefe Atemzüge – denken noch einmal ganz in Ruhe über das Erlebte nach und kommen dann in Ihrer eigenen Zeit, in Ihrem eigenen Tempo hierher zurück – mit Ihrer Aufmerksamkeit in diesen Raum, so daß wir uns austauschen können über das Erlebte.

„Wer von Ihnen hat beim ersten Mal die Zeit als langsamer erlebt, also das Gefühl gehabt, daß die Minute früher um ist? – Wer von ihnen hat beim zweiten Mal bei diesem schönen Erlebnis das Gefühl gehabt, die Minute sei schon um? Und wer hatte es beim dritten Mal? Wer hat etwas anderes erlebt?“

(Zeit für Austausch)

Dann machen Sie es sich ganz bequem auf Ihrem Stuhl für den zweiten Teil der Übung. Und wenn Sie mögen, können Sie die Augen offen oder geschlossen halten. Sie können die Augen auf oder die Augen zu machen. Und während Sie jetzt hier auf diesem Stuhl sitzen, spüren können, wie der Stuhl Sie trägt – wie Sie in Verbindung sind mit dem Boden – hören können, was es hier an Geräuschen zu hören gibt – meine Stimme hören können und wie immer wählen können, ob Sie einfach nur einen Moment Ihren eigenen Gedanken über Zeit nachempfinden möchten, oder ob Sie sich von mir anregen lassen wollen und von meiner Stimme begleiten lassen in einen Zustand von unendlich viel-Zeit-haben – und vielleicht können die Muster und Farben hinter Ihren geschlossenen Augenlidern Sie darin unterstützen, mehr und mehr nach innen zu schauen, auf Ihre innere Uhr, und lassen Sie sich überraschen, was das sein kann – Ihre innere Uhr – Ihre ganz persönliche innere Zeit und diese innere Uhr, die Ihnen diese persönliche Zeit zeigt. Und dann nehmen Sie wahr, wie Sie auf dieser inneren Uhr wahrnehmen können – sehen, hören oder spüren – wie die Zeit vergeht – Sekunde um Sekunde – Minute um Minute – Stunde um Stunde – und vielleicht können Sie auch jetzt schon die Vorrichtung entdecken, die es Ihnen ermöglicht, Ihre Zeit und Ihr Zeiterleben zu verändern – es langsamer werden zu lassen oder schneller oder ganz normal, so daß innere und äußere Zeit übereinstimmen. Und erlauben Sie sich jetzt, hier einen Moment tagzuträumen und sich zu erinnern an eine Zeit, die wie im Fluge vergangen ist. Erinnern Sie sich an einen Moment, einen Urlaub, einen Tag, einen Abend, vielleicht mit Freunden, vielleicht auch ganz allein – wo Sie das Gefühl hatten, daß die Zeit wie im Fluge vergeht – erinnern Sie sich mit all dem, was Ihnen jetzt einfallen kann – mit den Farben und dem Licht und was dazugehört – mit den Geräuschen, den Tönen und Klängen – Lachen und Stille – alles, was zu dieser Situation gehört.

Mit diesem ganz bestimmten Rhythmus, der dazugehört – und all dem, was Sie jetzt wahrnehmen können, was zu diesem inneren Zeiterleben dazugehört und wichtig ist – und dann lassen Sie auch diesen Gedanken wieder los – wieder vorbeiziehen – und erinnern Sie sich an eine Zeit, wo Sie es als positiv erlebt haben, daß die Zeit ganz – ganz – langsam vergangen ist – angenehm langsam – in einem ganz anderen inneren Rhythmus – erinnern Sie sich mit all dem, was dazugehört – mit den Farben und dem Licht – mit den Klängen und Tönen – mit diesem Gefühl, unendlich viel Zeit zu haben – mit diesem Rhythmus, der dieses Zeiterleben bestimmt. Wahrnehmen, was das Angenehme ist – was das Gute – und dann lassen Sie auch diesen Gedanken wieder gehen – wieder los – und erinnern Sie sich an eine Zeit, an einen Augenblick – an einen Tag, an eine Situation, wo Sie die Zeit ganz genau richtig erlebt haben – genau pünktlich – genau so, wie sie war – wo Sie zum richtigen Moment – im richtigen Augenblick – an der richtigen Stelle waren – wo es Ihnen gelungen ist, ganz selbstverständlich innere und äußere Zeit in Einklang zu bringen – erinnern mit Farben und Licht – Klängen und Tönen – diesem Rhythmus und dem inneren Empfinden – genau in der Zeit zu sein – in der richtigen Zeit zu leben – punktgenau – und genießen Sie es für einen Augenblick – um auch das dann wieder loszulassen – diese Erinnerung gehen zu lassen und einen Moment einfach nur zu sein – nichts tun – hier einen Augenblick genießen, daß jetzt Zeit genug da ist – wahrzunehmen, was jetzt innen für Sie stimmt.

Und erlauben Sie sich, wahrzunehmen, was den Unterschied ausmacht – in Ihrem Erleben – in Ihrem Denken – in Ihrem Körper – in Ihrem Atemrhythmus – den Unterschied von unterschiedlichem Zeiterleben und was passiert, wenn Sie sich innerlich die Erlaubnis geben, daß die innere Zeit genau der äußeren Zeit entsprechen darf – oder daß Sie innen mehr Zeit haben für das, was Sie sich wünschen und für das, was Sie gerne machen wollen – was kann passieren, wenn Sie sich selbst die Erlaubnis geben, nichts zu müssen, nichts bewirken, nichts erreichen zu müssen, sondern die Dinge zu tun – im Fluß zu bleiben – im Fluß der Zeit sein und die Dinge tun, die jetzt getan werden wollen – nicht vorauseilen – nicht zurückbleiben, sondern hier sein – und das tun, was jetzt hier ist – und wahrnehmen, was dann geschehen kann mit Ihrem inneren Zeiterleben.

Und mit dem Wissen, daß Sie jederzeit die innere Uhr wahrnehmen können und immer wieder an dieser inneren Uhr das Zeiterleben verändern können – mit diesem Wissen schließen Sie diese Erfahrung nun für sich ab, indem Sie einen tiefen Atemzug nehmen – und eine Berührung finden – eine Bewegung finden – eine Geste, die Sie ganz wach macht, die Sie wieder ganz hierher orientiert, so daß Sie blinzeln können, um zu schauen, wie das Licht hier ist – sich dehnen, sich recken und wenn Sie mögen auch einen Moment aufstehen, um wieder ganz wach hier zu sein und über diese Erfahrung gemeinsam zu reden.

Notizen:

Reise zu den inneren Helfern

Ziel: Ziele entwickeln, mit allen Sinnen Ziele entwerfen

Dauer: 35 Min.

Musik: Merlin's Magic: Healing Harmony

Anmerkungen: Diese inneren Führer können verschiedene Gestalten annehmen. Sie können auftauchen als Engel, Lehrer, Medizinmänner oder Medizinfrauen, biblische Figuren, Archetypen. Du kannst sie Dir auch vorstellen, als innere Anteile von Dir – eine Stimme, mit der Du Zwiesprache halten kannst oder eine innere Gewißheit. Diese inneren Führer erkennst Du daran, daß ihre Präsenz immer mehr ist als Du selbst. Wenn sie präsent sind, dann weißt Du etwas über Dinge, die Du sonst nicht weißt, und kannst offen sein für Botschaften und Impulse aus dem Feld der Möglichkeiten.

Solche inneren Führer erscheinen uns in tiefen Meditationen, Visionen und Träumen. Diese Kräfte können unbewußt bleiben und dennoch wirksam sein. Menschen, die jedoch Kontakt zu ihrem inneren Führer haben, haben bewußt Zugang zu spirituellen Informationen und zu Inspirationen.

Anleitung:
Diese Reise findet zum Null-Tarif statt – Du kannst reisen, wohin Du willst – vorwärts, zurück – alles liegt in Deiner Macht.

Eine gute Vorbereitung für Deine Reise ist, Dich in Deinem Körper wohlzufühlen, mach Dich also bereit, durch Deinen Körper zu spüren und alle Spannung loszulassen, um dieses wohlige gelöste Gefühl zu erleben, das es Dir ermöglicht, sowohl konzentriert, als auch ganz entspannt zu sein. Laß Deinen Atem fließen – lang und tief – und erlaube Dir, Dich mit dem Einatmen mit Vitalität und Ruhe zu füllen – Dich anfüllen lassen mit Wohlbefinden.

Beginne Deine Reise an einem sicheren Ort, indem Du Dich mental auf diese Begegnung mit Deinen Helfern und Führerinnen einstimmst, als wenn Du einen Besuch bei guten Freunden machst. Und dann laß vor Deinem inneren Auge eine Brücke entstehen, eine Brücke mit Pfeilern und Geländern, die Du überschreiten kannst, um in ein unbekanntes Land zu gelangen. Laß alle Deine Sinne an diesem

Überqueren der Brücke teilhaben, so daß Du spüren kannst, wie sich das Geländer anfühlt, Du schauen kannst, wie Du von hier aus sowohl das Alte und auch das Neue sehen kannst, lausche den Geräuschen, die Deine Schritte machen, Deinem Atem und dem Wind und nimm den feinen Duft wahr, der von dem Neuen herüber weht. In Dir kannst Du Deine Neugier spüren, eine Mischung aus Aufregung und Gelassenheit, die mit jedem Schritt mehr werden kann. Mit kraftvollen Bewegungen betrittst Du nun das Ufer dieses unbekannten Landes. Und von hier gelangst Du direkt auf eine schöne Sommerwiese – einen Ort vollkommener Harmonie. Du spürst das Gras unter Deinen Füßen, und wenn Du magst, kannst Du Deine Schuhe ausziehen, um dieses Gefühl intensiver zu erleben. Die Sonne kitzelt Dich an der Nase. Ein frischer Wind streichelt Dich ganz sanft, und Du kannst eine Hummel in der Nähe summen hören. Um Dich herum siehst Du all die wunderbaren Farben mitten in diesem satten Grün, und Du weißt, daß Du Dich hier völlig entspannen kannst. Für einen Augenblick kannst Du die Wolken dabei beobachten, wie sie am azurblauen Himmel vorüberziehen und belastende Gedanken mitnehmen können. Und nachdem Du eine Weile genossen hast, hier zu sein, gehst Du weiter und kommst an einen kleinen Bach. Du kannst genießen, wie die Sonne auf dem kristallklaren Wasser glitzert, in der Nähe kannst Du die Vögel singen hören. Und da es ein warmer Tag ist und dieses Wasser Dich so verführerisch lockt, beschließt Du, ein Stück aufwärts mit diesem Bach zu wandern. Ein Stück watest Du in den Bach hinein, spürst das kühle Naß an Deinen Füßen und kannst auf Deine Art genießen, hier in der Natur zu sein, indem Du eine leichte Steigung hinaufwanderst – an diesem Bach der Quelle entgegen. Nachdem Du Dich genug erfrischt hast, kannst Du den kleinen Weg neben dem Bach wählen, um bequem Deinen Aufstieg zu einem Gipfel zu genießen. Auf Deinem Weg nach oben begleitet Dich tiefe Stille, ab und zu ein Vogel und das Murmeln des Wassers. Du siehst Deinen Weg ganz klar vor Dir und kannst mit jedem Schritt spüren, wie Deine Kraft und Energie Dich vorwärts bringen – höher und weiter – näher zu einem Gipfel, der eine neue Aussicht für Dich bereithält. Es ist, als wenn die ganze Natur Dir zuflüstert: „Genieße Dein Leben und ergreife die Gelegenheiten, die sich Dir bieten!" Und während Du noch diesem Flüstern lauschst, kannst Du voller Freude die Quelle sehen, aus der das Wasser entspringt. Dieses spielerische Fließen erzeugt eine zauberhafte Melodie – einen Klang, der heilt und an wundersame Begebenheiten erinnert.

Und dieses kristallklare reine Wasser lädt geradezu zum Trinken ein – und während Du mit Deinen Händen das kühle Wasser schöpfst, kannst Du die reinigende Kraft des Wassers auf eine vorher nie gekannte Art erleben. Tief in Dir gibt es die Gewißheit, daß dieses Wasser Dich nicht nur erfrischt, sondern auch stärkt und heilt. Und Du schaust Dich um, hier an diesem Ort, wo die Quelle entspringt und kannst die Weite genießen, die sich vor Dir öffnet, gerade so, als wenn Du sie nicht nur sehen, sondern auch spüren kannst – Weite bis zum Horizont. Hier am Fuße dieser Quelle wachsen wunderschöne Pflanzen mit exotischen Blüten. Dieser sinnliche Duft läßt in Dir den Wunsch entstehen, eine dieser Blüten mitzunehmen, und als hätte eine dieser Pflanzen Deinen Wunsch gehört, läßt sie eine Blüte fallen. Auf diese Art erfrischt, gereinigt und beschenkt, machst Du Dich auf den Weg, um Deine innere Führerin / Deinen inneren Führer zu treffen. Nach einen kurzem Anstieg kannst Du sehen, daß der Weg eine kleine Biegung macht und genau vor dem Eingang einer Höhle endet. Hier kannst Du Deinen inneren Führer, Deine innere Führerin treffen – und schon der Anblick dieser Gestalt löst in Dir ein Wohlgefühl aus. Du schaust in diese Augen und es ist dieses unbekannte und dennoch vertraute Gefühl, ein Gefühl von tiefem Vertrauen und Geheimnis und von Versprechen von Abenteuer. Und mit einer innigen sanften Berührung heißt Dich dieses Wesen willkommen – und mit einer einladenden Geste bittet es Dich in das Innere seiner Höhle. Hier erwartet Dich zu Deiner Überraschung ein festlich gedeckter Tisch mit wunderbarer Beleuchtung – in der Stille kannst Du zarte Klänge vernehmen, wie von Engelsharfen, und der Duft von leckeren Speisen erinnert Dich daran, daß Du schon lange nichts mehr gegessen hast. Gemütlich setzt ihr beide euch zum Essen nieder – wie zwei gute Freunde, die etwas zu feiern haben. Während des Essens schweigt ihr im tiefen Einverständnis – Einssein ohne Worte – und genießt die Speisen. Der Geschmack des kristallklaren Wassers erinnert Dich an Deine Quelle – und Du kannst Dir Deiner Privilegien und der Kostbarkeit Deines Lebens bewußt werden.

Nach einem Augenblick der Muße bittet Dich Deine innere Führerin/Dein innerer Führer mitzukommen in eine weitere Höhle. Sanft ergreift sie oder er Deine Hand und führt Dich ein paar Stufen hinab ins Innere eines großen Gewölbes. Hier entdeckst Du voller Staunen eine große Bibliothek mit unermeßlich vielen Büchern und Schriften – von alt bis neu – alles ist hier vorhanden. In dem Raum liegt dieser typische Geruch von ewigem Wissen – und voller Ehrfurcht und Staunen schaust Du Dich in diesem Raum um, bis Dich unwiderstehlich eines der Bücher anzieht. Es ist, als hätte es Dich gerufen. Achtsam berührst Du den Einband, nimmst es heraus, und es öffnet sich an einer Stelle, wo Du etwas Wichtiges für Dich erfahren kannst. Es ist wie die Antwort auf eine Frage tief in Dir, die Du nicht gestellt hast. In tiefer Dankbarkeit verabschiedest Du Dich und machst zum Abschied ein kleines Geschenk. Und mit dem Wissen, daß Du hier etwas geschenkt bekommen hast, machst Du Dich auf den Heimweg. Und indem Du vor den Eingang der Höhle trittst, kannst Du spüren, daß sich etwas in Dir verändert hat – und nur Du weißt, was es ist und wie dies geschehen ist. Und die Abkürzung nach Hause ist der Weg der Dankbarkeit. Und spüre noch einmal den Boden unter Deinen Füßen und wie Du mit jedem Schritt dankbar sein kannst für alles in Deinem Leben. Und während Du schauen kannst auf die Natur und die Vielfalt um Dich herum, kannst Du dankbar sein für Deine Talente und Fähigkeiten und für Deine Möglichkeiten, Dich zu entfalten, Tag für Tag. Indem Du den Geräuschen der Natur lauschen kannst, kannst Du dankbar Deine innere Stimme wahrnehmen, die Dich inspiriert und begleitet – überall hin. Mit diesem Danke in Dir komm zurück – über Deine Brücke – spüre das Geländer – und spüre bei jedem Schritt das Gefühl von „nach Hause kommen". Schau auf die vertrauten Farben und Formen – lausche den gewohnten Geräuschen und spüre dieses Gefühl von „Zuhause sein".

Notizen:

5. Theorie der Meisterschaft

Die Struktur des Milton-Modells

Nachdem Du den Aufbau, die Struktur und die Wirkungsweise von Phantasiereisen schon praktisch geübt hast und Dein Unbewußtes längst gelernt hat, wie Phantasiereisen aufgebaut sind, kannst Du die Theorie Dir hier auch bewußt zugänglich machen.

Die LeserInnen unseres ersten Buches kennen die Struktur des Milton-Modells bereits. Da sich die Techniken von Phantasiereisen nicht verändert haben, gibt es hier zur Erinnerung oder zum Kennenlernen den methodischen Hintergrund zum Basteln einer Phantasiereise.

Wenn Du Lust hast, die Theorie praktisch anzuwenden und zur Meisterschaft zu gelangen, können die nachfolgenden Übungen die Fertigkeiten trainieren, die für das Entwerfen und die Durchführung eigener Phantasiereisen hilfreich sind. In diesem Set an Übungen gibt es sowohl Übungen für Einsteiger als auch für Fortgeschrittene. Die eine oder andere Übung eignet sich sehr gut für Übungsgruppen aus NLP-Ausbildungen, die gerade das Milton-Modell lernen. Wir sind gespannt, welche Übungen Dir am meisten Spaß machen ...

Wir nutzen für Phantasiereisen das prozeßorientierte Sprachmodell von Milton Erickson. Er war der bedeutendste Hypnotherapeut und ein Meister darin, Sprache und ihre Untereigenschaften zu verwenden, um leichte Trancezustände zu induzieren und so in Kontakt mit dem Unbewußten und den Ressourcen seiner Klienten zu kommen.

Leichte Trance-Zustände bedeuten in diesem Fall reduzierte Außenwahrnehmung und Fokussierung auf das innere Erleben. Sprache wird so kunstvoll vage benutzt, daß die Klienten den Raum und die Möglichkeit haben, dem Gesagten eine eigene Bedeutung zu geben und ihr eigenes Lösungspotential zu aktivieren.

Milton Erickson nutzte Sprache, um beim Zuhörer Phantasien, Verwirrung und Neuorientierung zu erzeugen. Bandler und Grinder, die Begründer des Neurolinguistischen Programmierens, haben ein Set an Sprachmustern zur Verfügung gestellt, die sie unmittelbar aus ihrer Arbeit mit Milton Erickson entwickelt haben. Dieses Set bietet Dir die Möglichkeit, diese besondere Fähigkeit, mit Sprache zu zaubern, zu erlernen und sie in Deine Phantasiereisen einfließen zu lassen.

Tilgungen: Informationen weglassen

Man läßt kunstvoll vage einige Informationen gezielt weg (z.B. „Wer genau?", „Was genau?", „Wie genau?", „Im Vergleich wozu?" wird nicht mitgeteilt). Die Reisende und der Reisende hat die Möglichkeit, das Gesagte durch seine eigenen Erfahrungen und wichtige innere Daten zu vervollständigen.

1. Nominalisierungen – Hier werden Prozeßwörter (Verben) in Hauptwörter verwandelt und damit bleibt die genaue Beschreibung der Tätigkeit ungesagt. Beispiel: eine große *Fähigkeit,* welche *Lösung,* eine tiefe *Entspannung, Ruhe* und *Frieden,* eine intensive *Verbindung.*

2. Nicht sinnesspezifische Verben/unbestimmte Verben – lassen die beschriebene Erfahrung im Unklaren. Im Gegensatz zu „sehen", „hören", „riechen", „schmecken" werden unspezifische Verben genutzt, die den Reisenden ermöglichen, den bevorzugten Sinn zu nutzen. Beispiel: *wahrnehmen, loslassen, erlauben, vergegenwärtigen, interessieren.*

3. Unbestimmtes Subjekt, unbestimmter Bezug – Es wird nicht gesagt, wer oder was genau gemeint ist oder in Bezug auf was die Aussage richtig ist. Beispiel: *man* kann neugierig sein, *es* ist leicht zu lernen, laß dich überraschen, vielleicht bist du schon gespannt.

4. Vergleiche – Es bleibt unbenannt, welches der Vergleichswert ist. Beispiel: Du kannst dich noch *entspannter* fühlen, es ist *angenehmer*, gleich in Trance zu gehen, *weicher* werden, *tiefer* sinken, *mehr* und *mehr.*

Generalisierungen: Informationen verallgemeinern

Hier wird eine einmal gemachte Erfahrung verallgemeinert oder eine bestehende Realität und Einschränkungen werden aufgehoben.

Die Reisenden können das Gefühl von Vielfalt, Freiheit und Fülle erfahren und selbst entscheiden, ob die Verallgemeinerung für sie zutreffend ist oder nicht.

1. Verallgemeinerungen – Es wird eine generelle Aussage aus einer Erfahrung abgeleitet. Beispiel: *Jeder* Gedanke ...; *alles* was du hörst, kann dich unterstützen ..., *immer*, wenn dir ein Gedanke kommt, kannst du dich erinnern ..., in *jeder* Situation kannst du entscheiden ...

2. Möglichkeiten – Es wird die Möglichkeit geschaffen, sich selbst zu entscheiden. Beispiel: Du *darfst* entscheiden; du *kannst* dir erlauben; du *kannst* loslassen.

Verzerrungen: Informationen umgestalten

Man erschafft Verknüpfungen zwischen der erlebten Wirklichkeit und wünschenswerten Zuständen, schafft mit Hilfe von Vorannahmen, Gewißheiten und durch Zitate die Möglichkeit, in direkter Rede Zugang zum Unbewußten zu erlangen. – Die Reisenden können sich mit Vertrauen und Sicherheit in gewünschte Zustände führen lassen.

1. Ursache – Wirkung – Verknüpfungen schaffen zwischen einer Realität und einem wünschenswerten Zustand. In unserer westlichen Kultur sind wir es gewohnt, im Ursache-Wirkungs-Muster zu denken. Nachdem Milton Erickson festgestellt hat, daß die meisten Menschen diesem Prinzip folgen und glauben, wenn das eine „wahr“ ist, stimmt auch das andere, hat er wichtige wünschenswerte Zustände mit realen Erfahrungen verknüpft.

Bindewörter: Du kannst deine Beine spüren und dabei wahrnehmen, wie du hier aufmerksam dabei sein kannst. *Wenn* du meine Stimme hörst, *dann* kannst du dich entspannen. *Je* länger du mir zuhörst, *desto* wacher kannst du mir folgen. *Indem* du deinen Körper spürst, kannst du ganz bewußt loslassen. *Während* du auf dem Boden liegst, kann dein Körper von ganz allein entspannen. Die Regelmäßigkeit deiner Atmung *bewirkt, daß* du dich wohlfühlst. Das sanfte Licht *hilft dir,* ganz zu dir zu kommen. All dies wahrzunehmen, *ermöglicht es dir,* alles leicht zu verstehen. Wenn du die Worte erkennst, *bedeutet dies,* daß dir auch der große Zusammenhang klar werden kann.

2. Vorannahmen – In der Aussage ist eine weitere Aussage beinhaltet. Beispiele: Welche Seite wird *zuerst* loslassen? (In jedem Fall wirst du loslassen.)
Du kannst *weiterhin* zuhören. (Du hast bereits zugehört.)
Du kannst erstmal tief Luft holen, *bevor* du dir die Frage beantwortest. (Du wirst diese Frage beantworten.)

3. Zitate – Botschaften können dem Zuhörer direkt vermittelt werden, indem sie als Zitate in die wörtliche Rede eines anderen verpackt werden. Beispiele: Mein Freund John sagt immer: *„Auch dir kann das Milton-Modell Spaß machen."* Er ist allerdings Linguist.

Neulich sprach mich ein Mann einfach auf der Straße an und sagte: *„Du bist ein faszinierender Mensch."* Wirklich ein frecher Kerl, nicht wahr?

Spezialitäten: Besondere Finessen von Milton Erickson

Man kann durch Doppeldeutigkeiten und eingebettete Fragen Verwirrung schaffen, die Aufmerksamkeit fokussieren und mit Metaphern Neuorientierung anbieten. – Die Reisende und der Reisende kann durch die Verwirrung festgefahrene Bahnen und alte Muster verlassen und Platz für neue Möglichkeiten schaffen und entscheiden, ob sie/er das Angebot zur Neuorientierung nutzen möchte.

1. Doppeldeutigkeiten – Das Ende einer Aussage ist zugleich der Beginn einer anderen Aussage. Beispiel: Du hörst meine Stimme *immer tiefer* kannst du loslassen.

2. Eingebettete Fragen – Die Frage ist eigentlich nicht gestellt; erwartet wird jedoch eine Beantwortung. Beispiele: Ich weiß nicht, *ob du schon weißt, wie du es machst.* Ich bin mal gespannt, *wann du dich entscheidest.*

3. Eingebettete Aufforderungen – Der Satz klingt wie eine Erlaubnis, enthält jedoch einen Imperativ. Beispiele: Du kannst *loslassen.* Du kannst *zur Ruhe kommen.* Du kannst *jetzt genießen.*

4. Analog markieren – In der Phantasiereise kann man analog markieren, indem man seine gewünschte Mitteilung mit einer veränderten Stimme (Lautstärke, Stimmhöhe oder Tiefe, Geschwindigkeit, Richtung) hervorhebt. Beispiel: Das *Mil-*

ton-Modell zu lernen hat einige Zeit erfordert und *ist* gar nicht so *leicht* wie andere NLP-Techniken.

5. Metaphern – Parallelen, Bilder und Geschichten, Zuweisung von Eigenschaften. Beispiel: *ein schwangerer Mann; ein Fels, der weint; die Sonne, die eine Reise macht.*

6. Nicht-Formulierungen und positiv formulieren – Der Satz: „Jetzt nicht mehr stehen, bitte nicht mehr bewegen, die Augen nicht öffnen und Streß vermeiden" und „Leg dich hin, komm zur Ruhe, schließe die Augen und entspanne dich" haben vielleicht eine ähnliche Zielsetzung, jedoch eine vollständig andere Wirkung auf diejenigen, denen es vorgetragen wird.

Die Worte „nicht", „kein", „nie" haben für das Unbewußte keine Bedeutung. Das Unbewußte versucht, die angesprochenen Inhalte sich bildlich vorzustellen und kreiert dadurch genau den unerwünschten Zustand. Es ist also wichtig, darauf zu achten, genau das zu formulieren, was erreicht werden soll, **oder** Formulierungen mit „nicht" zu nutzen, um einen gewünschten Zustand zu induzieren.

Die Wirkung von positiven Formulierungen beruht darauf, daß das Unbewußte sich das Erwünschte intensiv vorstellt und Mittel und Wege findet, es zu verwirklichen. Beispiele: „Du mußt dich nicht gleich entspannen. Mach es dir ganz bequem. „Du kannst dich mit Ruhe anfüllen lassen."

Die Wortwahl – sinnlich sprechen

Worte können Auslöser sein für komplexe innere Zustände. Sie rufen emotionale Reaktionen hervor und können Menschen in gedankliche und gefühlsmäßige Richtung schicken. Beispiel: „Liebe" kann Erinnerungen auslösen an tief erlebte liebevolle Momente, kann die Frage auslösen: „Was muß passieren, damit ich liebe oder damit ich mich geliebt fühle?", kann Erinnerungen zurückbringen an Berührungen, Düfte, einen liebevollen Blick, einen Kose-Namen – an Momente des Glücks. Wähle Worte, von denen Du glaubst, daß sie die gewünschten Assoziationen und emotionalen Zustände hervorrufen werden.

Die Wahl der Verben gibt uns die Möglichkeit, alle Sinne bei den Reisenden anzusprechen. Sie können sich innerlich Bilder vorstellen, Stimmen oder Geräusche hören oder im Körper Gefühle wahrnehmen, Gerüche oder Geschmack wiederentdecken, je nachdem, welche Worte wir benutzen.

Hierzu einige Beispiele:

sehen	**hören**	**spüren**
schauen	lauschen	fühlen
ein Bild machen	stimmig finden	berührt sein
Formen	Klänge	begreifen
vorsichtig	Töne	handeln
hell	laut	weich
leuchten	Stimmung	warm
Farben	harmonisieren	fest
klar	Melodie	strömen
betrachten	klangvoll	geborgen
Überblick	einstimmen	Eindruck
ansehen	stimmt	Gespür haben
erhellen	anklingen	Empfinden
Durchblick	sagen	Ausdruck
Aussicht	lauschig	spannend
offensichtlich	Stille	eingebettet
Licht	singen	sanft
Einsehen	Naturgeräusche	zart
sonnenklar	lachen	fließen
Ausblick	innere Stimme	pulsieren

riechen/schmecken
duften
Geschmack
süß
duftend
Aroma
Geruch
Frische

In jeder Phantasiereise sollten alle Sinne angesprochen werden, um eine vollständige Erfahrung zu erschaffen. Je vollständiger alle Sinne belebt werden, desto intensiver werden die Reiseerlebnisse. Darüber hinaus gibt der Einsatz von unspezifischen Verben den Reisenden die Möglichkeit, einen bevorzugten Sinn zu wählen.

Die Stimme – mit Klang berühren

Es ist wichtig zu wissen, daß ein Großteil der entspannenden, die Phantasie beflügelnden Wirkung durch die Untereigenschaften der Stimme hervorgerufen wird, d.h. durch die Tonalität, durch den Sprechrhythmus, die Pausen, die Geschwindigkeit, die Lautstärke, die Modulation, die Höhen und Tiefen. – Am leichtesten lassen sich die geeigneten Untereigenschaften herstellen, indem der Reisebegleiter den Zustand in sich herstellt, den er hervorrufen möchte.

Wenn du einen Zustand von Entspannung und Gelöst-sein bei anderen erwecken möchtest, ist es günstig, Dich mit allen Sinnen wieder an diesen Zustand zu erinnern. Dann werden ganz automatisch die Untereigenschaften Deiner Stimme diesen Zustand bei Dir unterstützen und bei den anderen herstellen. Wenn man diese Phantasiereisen jemandem schnell und laut ins Ohr brüllt, werden sie bei der Person eine andere Reaktion hervorrufen, als wenn man die Reise mit einer tiefen, langsamen und ruhigen Stimme begleitet.

Allgemein gilt, daß eine tiefe, ruhige, langsame und melodische Sprechweise eine beruhigende und entspannende Wirkung hat.

Methoden-Übersicht

I. Die Struktur des Milton-Modells

Tilgungen: Informationen weglassen
1. Nominalisierungen
2. Unbestimmte Verben
3. Unbestimmtes Subjekt, unbestimmter Bezug
4. Vergleiche

Generalisierungen: Informationen verallgemeinern
1. Verallgemeinerungen
2. Möglichkeiten

Verzerrungen: Informationen umgestalten
1. Ursache – Wirkung
2. Voraunnahmen
3. Zitate

Spezialitäten: Besondere Finessen von Milton Erickson
1. Doppeldeutigkeiten
2. Eingebettete Fragen
3. Eingebettete Aufforderungen
4. Analog markieren
5. Metaphern
6. Nicht-Formulierungen und positiv formulieren

II. Die Wortwahl – sinnlich sprechen

III. Die Stimme – mit Klang berühren

6. Übungen zur Meisterschaft

Das Milton-Modell bildet die sprachliche Grundlage unserer Phantasiereisen. Es ist leicht zu lernen, jedoch muß man es, wie alle neuen Fähigkeiten, auch üben. Hierzu einige Übungsvorschläge, die es Dir erleichtern werden, innerhalb kürzester Zeit diese „Kunst der vagen Ungenauigkeit“ in Deinen eigenen Phantasiereisen anzuwenden.

Übungen für die Qualität Deiner Aussprache – die Stimme

1. Spiele mit Deiner Stimme in Alltagsgesprächen, um herauszufinden, welches Spectrum Du hast und was Du bewirken kannst.
2. Lies eine der Phantasiereisen in diesem Buch laut vor und achte auf die Wirkung bei Dir selbst.
3. Mach eine Tonband-Aufnahme von einer gesprochenen Phantasiereise und teste unterschiedliche Lautstärken und Geschwindigkeiten.
4. Variiere auf der Tonband-Aufnahme die Höhe und Tiefe und die Melodie Deiner Stimme.
5. Führe jemanden mit Deiner Stimme in einen entspannten Zustand und laß Dir eine genaue Rückmeldung geben, was angenehm war und was Du noch verbessern kannst.

Notizen:

Übungen für eine sinnliche Sprache – die Wortwahl

1. Markiere in diesem Buch mit unterschiedlichen Farben die Worte der unterschiedlichen Sinneskanäle.
2. Achte in Alltagsgesprächen auf die Verwendung sinnesspezifischer Worte.
3. Nimm Dir vor, täglich einen Sinneskanal zu verfeinern, indem Du Worte für jeden Sinneskanal sammelst und benutzt.
4. Beschreibe einen entspannten Zustand mit allen sinnlichen Erfahrungen.
5. Schreibe ein Ereignis oder eine Erfahrung in überwiegend einem Sinneskanal auf, z.B. in Worten, die sich auf „sehen" beziehen.
6. Übersetze eine Geschichte in einen anderen Sinneskanal, z.B. in Worte, die sich auf „hören" beziehen.
7. Schreibe eine Geschichte in drei unterschiedlichen Sinnenskanälen.

Hierzu ein Beispiel:

Sacre Coeur

Visuell:

Wenn ich oben angekommen bin, dann schau ich erst mal in die Kirche, wie weit die Renovierung der Kirchenfenster schon gekommen ist. Am liebsten bin ich da am späten Nachmittag, wenn die Frühabendsonne durch die bunten Glasfenster scheint und ein Muster auf den Marmorboden legt, ein Muster aus Licht und Farben. Und dann suche ich mir einen Platz, von wo aus ich den besten Ausblick habe auf die schöne hohe Architektur und die Formen und Farben. Und allein dieser Anblick läßt mich zur Ruhe kommen. Schon nach einigen Augenblicken bin ich in einer Art Innenschau, und die inneren Bilder kommen mit Klarheit und einer Genauigkeit, die mich immer wieder erstaunt. Da erhellt sich mir so manche Situation aus meinem Leben, denn jedes Jahr verschaffe ich mir hier einen Überblick über meine Kommunikation. Denn dies ist der Ort für mich, wo manchmal Wahrheiten aufblitzen, die vorher im Dunkel meiner Wahrnehmung lagen.

Hier finde ich oft wieder zu meinem inneren Licht. Und wenn es hell in mir geworden ist, dann gehe ich hinaus in die Abenddämmerung; es ist die blaue Stunde. Da vor mir kann ich das ganze Panorama wahrnehmen, ein unglaublicher Ausblick, Weite bis hin zum Horizont. Und die Stadt schmückt sich mit Lichtern, erst hier und da und dann immer mehr ein Blitzen und Leuchten in dem samtblauen Abendlicht. Und von einem Augenblick zum anderen wird es dunkel. Blau und gold. Zu meinen Füßen glitzert und funkelt Paris, als wolle es mir zublinzeln.

Auditiv:

Wenn ich oben angekommen bin, dann gehe ich erst einmal in die Kirche, um ein wenig Ruhe zu genießen. Obwohl es hier immer einen Klangteppich gibt, von den vielen Stimmen der Touristen, all den unterschiedlichen Sprachen, hat dieser Ort seine eigene Stille. Vielleicht ist es auch eine Stille in mir, die es mir ermöglicht, nach innen zu lauschen, was mein Herz mir sagen will.

Jedes Jahr finde ich hier einen Ort, wo ich Zugang finde zu den leisen Tönen in mir und wo ich wieder entdecke, wie es für mich ist mit allen Sinnen zu lauschen und mir selbst zuzuhören. Und wenn all die Worte und Ideen verklungen sind, dann wird es in mir ganz still, und wenn es dann für mich stimmt, dann trete ich hinaus in die Abendstimmung vor der Kirche. Hier hat sich inzwischen allerlei Volk zusammengefunden und Musik erklingt von hier und dort. Die Trommler beginnen mit einem pulsierenden Rhythmus, und nach und nach gesellt sich eine Melodie, ein Klang, eine Stimme dazu, und in der Abenddämmerung entsteht ganz von allein eine wunderbare Musik. Und so sitze ich noch eine ganze Weile und lausche Paris, wie es erwacht, und dieser ganz speziellen Mischung aus Geräuschen einer lebendigen Nacht.

Kinästhetisch:

Es ist immer wieder ein Genuß, diese Kirche zu betreten. Hier kann ich mir Raum nehmen – für innere Sammlung, Zeit und Raum geben und spüren, was mir wichtig ist. Ich kann meine innere Balance finden und genießen und einfach nur sein. Hier kann ich Revue passieren lassen und sortieren, und meine ganz eigene Wertigkeit entdecken – meine Gewichtung – entscheiden, was künftig mehr Platz und Aufmerksamkeit bekommen soll. Es entsteht in mir ein Gefühl für die wirklich wichtigen Dinge im Leben. Manches wird wieder zurechtgerückt und findet so in eine innere Ausgewogenheit. Und wenn ich in meiner Mitte angekommen bin, ein Gefühl, das ich hier immer wiederentdecken kann, dann genieße ich es, hinauszugehen, in die lebendige Atmosphäre vor der Kirche, wenn der Abend in die Nacht übergeht und diese ganz eigenartige Mischung entsteht aus Wärme und Frische, aus pulsierendem Leben und angenehmer Trägheit. So ein Moment zum Loslassen bei gleichzeitiger Spannung. Um mich herum Menschen, die sich bewegen, Musik machen, einfach da sind. Nah und dennoch genug Raum für die freie Entscheidung: Will ich Kontakt? Und in dieser abendlichen Atmosphäre verweile ich noch ein wenig, genieße mein Leben, bin dankbar, weil ich hier bin und weiß, ganz Paris liegt mir zu Füßen.

Übungen für die Anwendung des Milton-Modells – die Struktur

1. Untersuche und markiere mit unterschiedlichen Farben die Phantasiereisen in diesem Buch auf die angewandten Milton-Elemente.
2. Achte in Alltagsgesprächen darauf, wie oft jemand mit einer Frage den Anderen nach innen schickt.
3. Höre bei einer Fernseh-Sendung oder einem Radio-Interview zu und beginne, nicht nur auf den Inhalt, sondern auch auf die Struktur von Sprache zu achten, indem du z.B. auf die direkte Rede achtest.
4. Starte ein Selbst-Beobachtungs-Programm und achte z.B. auf die Nicht-Formulierung oder Verallgemeinerungen in Deiner eigenen Alltags-Sprache.
5. In der Werbung findet man einige Sprachmuster wieder. Sensibilisiere Dich für die Struktur des Milton-Modells im Alltag, indem du anfängst, Beispiele zu sammeln.
6. Nimm Dir vor, täglich ein Element zu üben und in Deine Alltagsgespräche mit einfließen zu lassen, d.h. an einem Tag z.B. Zitate und direkte Rede bewußt wahrnehmen und gezielt anwenden.
7. Induziere bei Freunden verschiedene unterstützende innere Zustände: Freude, Neugierde, Aufmerksamkeit, Konzentration, Motivation, Entspannung, Lachen und Spaß.
8. Baue die einzelnen Milton-Elemente in eine Dir vertraute Geschichte ein oder schreibe ein Märchen.
9. Trage in die folgende Übersicht drei Beispiele für die jeweilige Technik ein:

Tilgungen: Informationen weglassen

1. Nominalisierungen

____

____

____

2. Unbestimmte Verben

____

____

____

3. Unbestimmtes Subjekt, unbestimmter Bezug

4. Vergleiche

Generalisierungen: Informationen verallgemeinern

1. Verallgemeinerungen

2. Möglichkeiten

Verzerrungen: Informationen umgestalten

1. Ursache – Wirkung

2. Vorannahmen

3. Zitate

Spezialitäten: Besondere Finessen von Milton Erickson

1. Doppeldeutigkeiten

2. Eingebettete Fragen

3. Eingebettete Aufforderungen

4. Analog markieren

5. Metaphern

6. Nicht-Formulierungen und positiv formulieren

---

10. Teste Dein Wissen, indem Du neben der folgenden Phantasiereise alle erkannten Muster des Milton-Modells einträgst. Wer Interesse an einer Lösung hat, kann im Internet unter www.nlp-spectrum.de/phantasiereisen.html nachschauen. Viel Spaß

Phantasiereise zum Ort der Ruhe	**Beschreibung der Muster**
1. Mach es Dir jetzt ganz bequem und	
2. überprüfe noch einmal, ob alles so ist, wie	
3. Du es brauchst, damit Du die nächste Zeit	
4. ungestört genießen kannst, denn jetzt ist	
5. die Zeit für Dich, zu entspannen, die Zeit,	
6. loszulassen, und Du gönnst Deinem	
7. Körper diese Pause und Du weißt, daß	
8. alles, was Du noch wahrnehmen kannst,	
9. Dich nur darin unterstützen wird, zu	
10. entspannen und loszulassen.	
11. Laß Dich überraschen, wann Du Dir die	
12. Erlaubnis gibst, Dich einzustimmen auf	
13. eine entspannte Zeit mit Dir.	
14. Vielleicht bist Du auch schon neugierig,	
15. auf welche Art Du heute eine tiefe	
16. Entspannung erleben kannst.	
17. Während Du so daliegst mit Deiner	
18. Aufmerksamkeit, kannst Du von außen	
19. nach innen gehen, nach innen zu Dir,	
20. kannst hineinspüren in Deinen Körper und	
21. wahrnehmen, wie Du liegst. Vielleicht	
22. möchtest Du Deine Augen schließen und	

23. Du hast die Wahl, ob Du der Musik
24. lauschen magst oder Deinen eigenen
25. Gedanken folgen möchtest oder
26. meiner Stimme lauschen magst. Nun
27. kannst Du in Deine Füße hineinspüren,
28. wie sie aufliegen, was Du in Deinen
29. Füßen lockern kannst, loslassen und
30. etwas weiter hochspüren in Deine Waden,
31. was Du auch dort noch loslassen und
32. entspannter werden lassen möchtest.
33. Du kannst in Deine Oberschenkel gehen
34. mit Deiner Aufmerksamkeit und auch dort
35. loslassen, was noch loszulassen ist.

36. Du kannst in Deinen Brustkorb spüren,
37. Deinen eigenen Atem spüren und mit
38. jedem Ausatmen kann Dein Körper tiefer
39. und tiefer entspannen und loslassen, und
40. alle Muskeln, die Du noch lockern
41. kannst, können sich ganz
42. selbstverständlich lösen.
43. Und während Du in Deine Arme
44. hineinspüren kannst, wie sie liegen und
45. was Du dort noch lockern und loslassen
46. kannst, entspanne alle Muskeln in Deinen
47. Händen. Du kannst auch in Deinen Kopf
48. und Dein Gesicht hineinfühlen und auch
49. dort alles etwas weicher und wärmer
50. werden lassen, einfach entspannter und
51. losgelassener.

52. Und während Dein Körper sich wie von
53. selbst daran erinnern kann, wie es ist,
54. wenn Du vollkommen entspannt bist und
55. auf dem sicheren Untergrund getragen
56. wirst, kann sich Dein Geist auf die Reise
57. begeben zu Deinem Ort der Ruhe. Laß

58. Dich überraschen, wie Du zu diesem Ort,
59. zu Deinem Ort der Ruhe gelangen wirst.

60. Wenn Du dort bist, schau Dich einfach
61. erstmal um, wie es aussieht an diesem
62. Ort, welche Farben und welches Licht Du
63. sehen kannst. Vielleicht gibt es auch
64. irgendeinen Ton oder mehrere Töne, die
65. Du wahrnehmen kannst an Deinem Ort
66. der Ruhe, oder einen Geschmack oder
67. Gerüche, die an Deinem Ort für Dich da
68. sind.

69. Vielleicht liegt dieser Ort der Ruhe für
70. Dich in der Natur und Du kannst
71. hineinfühlen und hineinspüren, wie es sich
72. anfühlt, an diesem Ort zu sein, das Gefühl
73. der Entspannung und der Ruhe und der
74. Kraft, die dieser Ort Dir geben kann,
75. genießen. Nimm alles auf, was dieser Ort
76. Dir zu bieten hat, Dir geben kann, und
77. suche Dir an Deinem Ort der Ruhe einen
78. Platz, wo Du Dich niederlassen kannst,
79. der selbstverständlich Dein Platz ist, und
80. mach es Dir dort einfach gemütlich,
81. genieße noch einmal mit allen Sinnen all
82. das, was dieser Ort für Dich bereithält.
83. Genieße die Ruhe und die Entspannung
84. und schau Dich noch einmal um, wie es
85. aussieht, und hör noch ein wenig,
86. was es zu hören gibt, und spüre
87. das Gefühl, an diesem Ort zu sein, der Dir
88. Ruhe und Entspannung geben kann.
89. Genieße noch ein wenig mit all Deinen
90. Sinnen die Vorzüge und Möglichkeiten,
91. die Dein persönlicher und einzigartiger Ort
92. für Dich bereithält. Und mit dem Wissen,

93. daß Du jederzeit, wenn Du es möchtest,
94. an diesen Ort zurückkehren kannst, um
95. Kraft zu tanken und Ruhe zu erleben,
96. kannst Du Dich verabschieden von
97. diesem Ort und auf Deinem ganz
98. persönlichen Weg wieder zurückkehren,
99. zurückkehren in Deinen Raum, dort wo Du
100. die Phantasiereise begonnen hast. Du
101. kannst ganz zurückkommen, mit all
102. Deinen Sinnen in diesen Raum und mit
103. Deiner Aufmerksamkeit von innen wieder
104. nach außen, und vielleicht
105. möchtest Du schon ein wenig blinzeln.
106. Und Du spürst bei jedem Atemzug, den Du
107. machst, ein wenig Frische in Deinen
108. Körper hineinströmen, und Du wirst immer
109. wacher und wacher und immer frischer bei
110. jedem Atemzug, der jetzt folgt, und Du
111. weißt, nach der Ruhe kommt auch wieder
112. die Aktivität. Und vielleicht kommt jetzt
113. schon eine kleine Bewegung, die Du
114. ausführen möchtest, ein kleines Räkeln,
115. und vielleicht möchtest Du Dich schon
116. etwas bewegen und noch etwas tun, um
117. Deinen Kreislauf anzuregen, denn jetzt ist
118. wieder die Zeit der Aktivität gekommen.
119. Und damit verabschiede ich mich und
120. wünsche Dir viel Neugier und Spaß für
121. den Rest Deines Tages.

Lösung unter www.nlp-spectrum.de/phantasiereisen.html

11. Erfinde eine oder mehrere Übungen, die Dir und anderen Spaß machen und Dich der Meisterschaft näherbringen.
12. Und Du kannst weiterhin genießen, mit Sprache zu zaubern ...

Glossar

Auditiv heißt: den Gehörsinn betreffend. Benutzte Worte, die auf eine auditive Wahrnehmung hinweisen oder zu auditiven Halluzinationen anregen, sind z.B. hören, abstimmen, ansprechen, eintönig, klangvoll, laut, Töne, Geräusche, ..."

Bewußt sind Dir all die Dinge, denen Du zum gegenwärtigen Zeitpunkt Deine Aufmerksamkeit schenkst. Du nimmst in einem Augenblick nur sehr begrenzt Ausschnitte Deiner Umwelt, Deines Denkens und Deiner Handlungen bewußt wahr. Der überwiegende Teil unserer Kommunikation verläuft auf der unbewußten Ebene. Das Bewußtsein kann uns dabei unterstützen, unsere Fähigkeiten mit unseren Glaubenssätzen in Einklang zu bringen.

Einssein ist ein Begriff, der u.a. auch im Yoga und den indischen Veden genannt, der das Einssein, die Verschmelzung und Erweiterung des Selbst mit dem Universum und allen darin befindlichen Prozessen beschreibt.

Essenz ist ein Begriff aus der Prozeßorientierten Psychologie von Arnold Mindell, der für die Verbundenheit mit dem tiefen Urgrund allen Wissens steht. Darin steckt die Vorstellung, daß es einen Bewußtseinszustand gibt, der diese essentielle Erfahrung ermöglicht.

Existentielles Selbst ist ein Stadium in der Bewußtseinsentwicklung des Menschen, in der die Auseinandersetzung mit der Endlichkeit des Lebens, mit Geburt, Tod und Lebenssinn eine besondere Bedeutung hat.

Glaubenssätze sind allgemeine Aussagen z.B. über Dich selbst, Deine Beziehungen, Deinen Körper, Deinen Lebensalltag, Deine Arbeit usw., an die Du persönlich glaubst. Die Inhalte der Glaubenssätze beeinflussen unsere Wahrnehmung, unser Denken, unser Verhalten, unsere Fähigkeiten und unsere Empfindungen.

Gustatorisch heißt: den Geschmack betreffend. Dazu gehört alles, was Du mit Deinem Geschmackssinn wahrnehmen kannst (z.B. sauer, süß, scharf, salzig, bitter usw.). Redewendungen, die auf eine gustatorische Wahrnehmung hinweisen und zu gustatorischen Halluzinationen anregen, sind z.B. „Dein Lieblingsessen", „Leckerbissen", „geschmackvoll", „süß", „aromatisch" u.a.

Fraktionierte Phantasiereise ist ein Begriff in Anlehnung an „fraktionierte Trance-Arbeit" aus der Hypnotherapie. Hierbei werden in mehreren Schritten abwechselnd das Unbewußte und das Bewußtsein angesprochen. Durch den Wechsel des nach innen und nach außen Fokussieren kann die Phantasiereise vertieft werden.

Identität ist das Selbstbild oder Selbstkonzept eines Menschen. Es ist Deine Antwort auf die Frage: „Wer bist Du?".

Innerer Zustand ist alles, was sich in Dir abspielt. Dazu gehören Deine Gedanken mit den inneren Bildern und Tönen und Deine Gefühle. Es gibt innere Zustände, die Dich unterstützen, und solche, die Dich nicht unterstützen, um ein bestimmtes Ziel zu erreichen. Du kannst gewünschte innere Zustände mit Hilfe Deiner Gedanken, Deiner Körperhaltung/-bewegung und der Atmung herstellen und verändern.

Kinästhetisch heißt: das Fühlen betreffend. Er nimmt „kinästhetisch wahr", meint, daß er etwas fühlt. In Phantasiereisen werden vor allem Worte wie z.B. fühlen, berührt sein, begreifen, behandeln, weich, warm, fest, glatt, sanft, Ausdruck u.a. genutzt, um das Gefühl anzusprechen.

Kundalini-Yoga ist eine dynamische Yoga-Variante. Begründer ist Yogi Bhagan, der in den 60er Jahren diese Form des Yoga in den Westen brachte. Kundalini-Yoga setzt einen Schwerpunkt auf gesungene Mantren, Meditation, Atemarbeit und dynamische Bewegungs-Übungen.

Mantra ist ein Klang, eine Silbe oder ein Wort, das in der Meditation als Hineinführung in einen Zustand der Stille bekannt ist.

Metaphern sind Geschichten, Analogien oder Vergleiche, die in einer Phantasiereise zu einer Identifikation anregen können.

Milton-Modell ist ein vom Hypnotherapeuten Milton Erickson entwickeltes Sprachmuster, das auf kunstvoll vage Weise den Zuhörer dazu animiert, alle fehlenden Informationen zu ergänzen.

Neuro-linguistisches Programmieren (NLP) ist ein dem Leben abgeschautes Modell menschlicher Kommunikation und ein praktisches Modell dafür, wie Menschen erfolgreich lernen. NLP bietet einen „bunten Strauß" an Möglichkeiten, wie Du persönliche Fähigkeiten weiterentwickeln kannst.

Olfaktorisch ist den Geruch betreffend. Dazu gehört alles, was Du mit Deinem Geruchssinn wahrnehmen kannst. Worte, die für Phantasiereisen genutzt werden und eine olfaktorische Wahrnehmung fördern, sind z.B. „spezieller Duft", „Geruch", „Blumenduft" usw.

Pacing und Leading heißt wörtlich übersetzt: „einhergehen" und „führend" und beschreibt den Prozeß des „Abholens" und des „Führens" einer Person innerhalb einer Phantasiereise. „Pacing" meint das Herstellen von Kontakt, indem Du Dich auf die Wahrnehmung, das Denken und das Verhalten des anderen einstellst. Durch das Verändern der Stimme und der Wortwahl „führt" man dann seine Gesprächspartner. Grundlage für das Führen ist Vertrauen (Rapport).

Persönliche Evolution beschreibt eine Idee aus der Entwicklungspsychologie, daß menschliche persönliche Entwicklung ein fortschreitender Prozeß ist – aus sich selbst heraus weiter erschaffend.

Positive Absicht ist der Vorteil oder der Gewinn einer Verhaltensweise. Es ist eine Grundannahme des NLP, daß hinter jeder Verhaltensweise, mag sie noch so problematisch erscheinen, eine positive Absicht für den Problembesitzer steckt.

Prozeß ist ein Verlauf, eine Bewegung in eine Richtung und enthält mehrere aufeinanderfolgende Ereignisse.

Prozeßorientierte Psychologie ist ein integrativer Ansatz von Arnold Mindell, der Jungsche Analyse, Schamanismus, Systemische Therapie, Tanztherapie und soziologische Arbeit umfasst.

Quelle ist ein intensiver Seinszustand, von vollständigem Aufgehobensein, Geborgensein, in Fluß sein, in Liebe sein ...

Repräsentationssystem – Wir können Informationen in Form von Bildern, Tönen, Gefühlen, Geruch oder Geschmack wahrnehmen, abspeichern und wieder abrufen. Repräsentationssystem bezeichnet den oder die Sinneskanäle, in denen wir Informationen abspeichern und wieder abrufen. Wir haben fünf Repräsentationssysteme zur Verfügung: Visuell, Auditiv, Kinästhetisch, Olfaktorisch, Gustatorisch (sehen, hören, spüren, riechen, schmecken).

Ressourcen sind all die individuellen Fähigkeiten, Stärken und Talente, die Du in Dir trägst. Ressourcen können Verhaltensweisen, innere Zustände (z.B. Ruhe, Sicherheit, Vertrauen), Strategien, bestimmte Gedanken, höchste Werte, Erfahrungen, die Verbindung zu Deiner inneren „Energie-Quelle" oder Dein Glauben an größere Zusammenhänge sein.

Schatten ist ein Begriff aus der Analytischen Psychologie nach C.G. Jung und bezeichnet abgespaltene, ins Unbewußte verlagerte Persönlichkeitsanteile.

Spiritualität ist der Bereich der menschlichen Bewußtseinswerdung, der über die eigene Person hinausgeht.

Trance ist ein veränderter Bewußtseinszustand, in dem die Aufmerksamkeit nach innen gerichtet ist.

Unbewußt sind Dir all die Dinge, die von Dir – aus welchen Gründen auch immer – gerade in diesem Moment nicht wahrgenommen werden können, die Dir dadurch also nicht bewußt sind. Das Unbewußte unterstützt und beeinflußt unser Verhalten. Manche Menschen behaupten, daß „es" der Sitz unserer Intuition und unserer Kreativität ist.

Untereigenschaften sind die feinen Unterscheidungen unserer Gedanken. Du kannst mit den Untereigenschaften genauer herausfinden, wie Du denkst. Visuelle Untereigenschaften: Bewegung, Helligkeit, Farbe u.a. Auditive Untereigenschaften: Lautstärke, Tonhöhe, Entfernung u.a. Kinästhetische Untereigenschaften: Druck, Temperatur, Intensität u.a. In der Phantasiereise kannst Du eine Veränderung von Untereigenschaften nutzen, um eine Veränderung des Erlebens zu bewirken.

Utilisieren ist ein Begriff aus der Hypnotherapie nach Milton Erickson und bedeutet „Nutzbarmachung aller wahrnehmbaren Ereignisse".

Visuell heißt: das Sehen betreffend. Du nimmst „visuell wahr“ meint, daß Du etwas siehst. Worte, die bei Phantasiereisen die visuelle Wahrnehmungsebene anregen, sind z.B. sehen, hell, farbig, klar, Durchblick, Ansicht, Einsehen, Ansehen, Ausblick u.a.

Werte sind Deine grundlegenden Überzeugungen und Einstellungen zum Leben, die Dein Denken und Handeln bestimmen. Es sind die Antworten auf die Fragen: „Was ist Dir in Deinem Leben besonders wichtig?“, „Wofür lohnt es sich zu leben?“, „Wovon möchtest Du mehr und intensiver erleben?“, „Was macht das Leben für Dich lebenswert?“. Mögliche Antworten sind z.B. Lebensfreude, Liebe, Lebendigkeit, Harmonie, Offenheit, Spaß, Selbstverwirklichung, Vertrauen u.a.

Ziele sind gewünschte, konkrete und sinnlich wahrnehmbare Ergebnisse. Mit Zielen formulierst Du, was Du in Deinem Leben erreichen möchtest. Ziele geben die Richtung an, in die Du Dich bewegen möchtest. Wenn Du weißt, wo Du hin möchtest, weißt Du auch, wer und was Dich darin unterstützen kann, Dein Ziel zu erreichen.

Zeitlinie ist eine innere räumliche Anordnung von vergangenen, gegenwärtigen und zukünftigen Ereignissen.

Literatur

BANDLER, R. & GRINDER, J.: *Metasprache und Psychotherapie.* Die Struktur der Magie I. Paderborn: Junfermann ^{10}2001

BANDLER, R. & GRINDER, J.: *Kommunikation und Veränderung.* Die Struktur der Magie II. Paderborn: Junfermann ^{8}2001

DEGEN, R.: *Der kleine Schlaf zwischendurch.* Reinbek: Rowohlt Tb. 1997

ERICKSON, M.H. & ROSSI, E.L.: *Hypnotherapie.* Stuttgart: Klett-Cotta 2001

HALEY, J.: *Typisch Erickson.* Paderborn: Junfermann 1996

LUTHER, M. & MAAß, E.: *NLP-Spiele-Spectrum.* Paderborn: Junfermann ^{4}2001

MAAß, E. & RITSCHL, K.: *Phantasiereisen leicht gemacht.* Paderborn: Junfermann ^{4}2004

MINDELL, A.: *Den Pfad des Herzens gehen.* Petersberg: Via Nova 1996

MINDELL, A.: *Mitten im Feuer.* Gruppenkonflikte kreativ nutzen. München: Hugendubel 1999

O'CONNOR, J. & SEYMOUR, J.: *Neurolinguistisches Programmieren: Gelungene Kommunikation und persönliche Entfaltung.* Freiburg: VAK 1992

RITSCHL, K.: *Der Geist des NLP.* Paderborn: Junfermann 2001

ROBERTSON, I.: *Das Universum in uns.* München: Piper 2001

WILBER, K.: *Einfach ‚Das'.* Frankfurt/M.: Fischer Tb. 2001

WILBER, K.: *Eine kurze Geschichte des Kosmos.* Frankfurt/M.: Fischer Tb. 1997

WILBER, K.: *Eros, Kosmos, Logos.* Frankfurt/M.: Fischer Tb. 2001

WILBER, K.: *Ganzheitlich handeln.* Freiamt: Arbor 2001

Musik

ANUGAMA: *Shamaniac Dream* (Isan Publishing BMI, 2000)

BORBYE NIELSEN, T.: *In the Master's Light* (FØnix Musik ApS [Dänemark], 1998)

COOPES, S.: Musik for the Womb for Babies and Parents (Oreademusik, Silver Wing Publishing)

O'CONNOR, T.: *Rainforest Magic* (Studio Horizon Productions, 1997)

DEUTER, C.G.: *Earth Blue* (New Earth Records, 2003)

DEUTER, C.G.: *Garden of the Gods* (New Earth Records, 1999)

DEUTER, C.G.: *Nada Himalaya* (New Earth Records, 1997)

DEUTER, C.G.: *Sun Spirit* (New Earth Records, 2001)

EVANS, G.E.: *Visionen* (NEPTUN MUSIC GmbH, 1993)

GIBSON, D.: *Appalachian Mountain Suite* (Solitudes, 1994)

GIBSON, D.: *Stream of Dreams* (Solitudes, 1997)

GIBSON, D.: *Woodland Harp* (Solitudes, 200)

KARUNESH: *The Way of the Heart* (Oreade Music, 2001)

MAAß, E.; RITSCHL, K.: Phantasiereisen, Kontakt zur Quelle, Ort der Ruhe (Verlag für Integrale Weiterbildung, 2003)

MAXWELL, M.: *Bach for the Bath* (Avalon Music, 2001)

MERLIN'S MAGIC: *Healing Harmony* (Windpferd, 1998)

MERLIN'S MAGIC: *Reiki* (Windpferd, 1992)

Oreade's Diamonds Collection (Oreade Music, 1996)

Reiki, Music for the Harmonious Spirit

SERANO-ALVE, O.: *Villa Nova Mellow Days* (SATTVA MUSIC, 1988)

Stiller Meeresgesang (Delta Music GmbH, 1999)

WEINECK, J.: *Acoustic Landscapes* (BCC Music GmbH, 1995)

Internet

Unter der Internet-Adresse www.nlp-spectrum.de/phantasiereisen.html gibt es aktuelle Musik-Empfehlungen, interessante Links zum Thema und weitere Inspirationen für die Anwendung und Durchführung von Phantasiereisen.

Wir über uns

Wir, Evelyne Maaß und Karsten Ritschl, leiten seit Jahren gemeinsam das Weiterbildungsinstitut *Spectrum KommunikationsTraining* in Berlin.

Wir und unser Team schaffen eine Lernatmosphäre, in der es möglich ist, spielerisch und mit Lust Neues zu entdecken.

In einem angenehmen Rahmen kann jeder neugierig sein, die eigenen Möglichkeiten, Talente und Brillanzen zu erfahren und zu erweitern.

Lernen kann und soll Spaß machen.

Wer daran interessiert ist, unsere Arbeit persönlich kennenzulernen, ist herzlich eingeladen, an einem unserer offenen Seminare teilzunehmen.

Offene NLP-Seminare:
❍ NLP-Ausbildungen (alle Stufen)
❍ Coach-Ausbildungen
❍ Ausbildungen zum Teamentwickler
❍ Seminar „Mit Sprache zaubern"
❍ Seminar „Energie-Choreographie in Gruppen"
❍ Seminar „Selbst-Management"

Wir informieren Sie gerne über unser aktuelles Programm:

Spectrum KommunikationsTraining
Stierstr. 9
12159 Berlin
Fon 030/852 43 41
Fax 030/852 21 08
eMail: info@nlp-spectrum.de
web: www.nlp-spectrum.de

Sollten Sie an firmeninternen Fortbildungsmaßnahmen zu den Themen:
❍ Die Macht von Sprache
❍ Selbst- und Zeit-Management
❍ Erfolgsfaktor Motivation
❍ Lehren, lernen und trainieren
interessiert sein, nehmen Sie mit uns Kontakt auf.

Wir würden uns über eine Zusammenarbeit sehr freuen.